D1829976

Fisch

Heinz Imhof

Fisch

Die besten Rezepte

Bassermann

INHALT

FRISCHES AUS FLUSS UND MEER

Fisch – gesunde Vielfalt

Fischvariationen mit Phantasie

Fischgerichte sind aus der modernen, gesunden Küche nicht mehr wegzudenken. Und sie sind überhaupt nicht schwierig zuzubereiten – lassen Sie sich von den erprobten Rezeptideen dieses Buches überzeugen!

Den Feinschmecker fasziniert vor allem die ungeheure Vielfalt. Unzählige Fischarten können mit unendlich vielen Zutaten kombiniert werden. So entstehen immer wieder neue Geschmackserlebnisse. Zudem eignet sich Fisch für jede Zubereitungsart: ob gedünstet, geschmort, gebraten, im Ofen gebacken, pochiert, fritiert oder gegrillt – stets ist Fisch für lukullische Überraschungen gut. Er bietet also beste Voraussetzungen für phantasievolles Kochen.

Dafür finden Sie zahlreiche Anregungen in den über 50 Rezepten und Rezeptvariationen dieses Buches. So gibt es ein Kapitel mit Fischgerichten für den Alltag, die besonders problemlos zuzubereiten sind. Daneben darf ein Kapitel mit Schlemmerfischen für besondere Gelegenheiten nicht fehlen. Daß Fisch in allen Ländern zu kulinarischen Höchstleistungen beflügelt, zeigt das Kapitel „Internationale Rezeptideen". Im Beilagenkapitel werden außergewöhnliche Ergänzungen zu den Fischgerichten präsentiert. Zusätzlich finden Sie im Kapitel „Asiatisches Fischvergnügen" einen Vorschlag, wie Sie Ihre Freunde mit einem Fischmenü für 12 Personen verwöhnen können. Ich wünsche Ihnen beim Nachkochen der Gerichte viel Spaß und bon appetit!

Gesunde Köstlichkeiten

Auch die Gesundheit kommt beim Fischgenuß nicht zu kurz: Fische enthalten viel hochwertiges tierisches Eiweiß. Zudem ist Fisch leichter verdaulich als beispielsweise Fleisch. Der Fettgehalt der einzelnen Fischarten ist sehr unterschiedlich, so daß man zwischen Fett- und Magerfischen unterscheidet. Günstig: das Fett der Fische enthält reichlich lebensnotwendige Fettsäuren, die eine erhöhte Cholesterinkonzentration im Blut senken.

Unter den zahlreichen Vitaminen und Mineralstoffen, die Fisch enthält, ist besonders das Jod hervorzuheben. Der Bedarf an diesem Mineral kann nur durch den regelmäßigen Verzehr von Seefischen gedeckt werden. Daher sollte dieser mindestens einmal wöchentlich auf dem Speiseplan stehen.

Frische ist gefragt

Transport und Zucht

Heute ist es kein Problem mehr, Fische fast fangfrisch auf den Tisch zu bekommen. Frische Fische werden innerhalb von Stunden per Flugzeug oder mit dem Kühlwagen zum Bestimmungsort transportiert.

Eine verbreitete Methode, Fische fangfrisch zu konservieren, ist das Seefrosten. Auf Fang- und Fabrikschiffen werden die Fische sofort verarbeitet und bei –40 °C tiefgefroren, meist in Form von Fischfilets. Da Frische das entscheidende Qualitätsmerkmal ist, sollte man immer dann auf tiefgekühlten Fisch zurückgreifen, wenn man nicht sicher ist, wirklich fangfrische Ware kaufen zu können.

Da die Nachfrage nach Fisch ständig gewachsen ist, wird versucht, diese durch Zucht zu decken. Was bei Süßwasserfischen recht gut funktioniert (z. B. stammen Regenbogenforellen, Karpfen, Barsche und Schleien zumeist aus Teichwirtschaften), ist bei den Seefischen noch nicht sehr erfolgreich – außer bei Lachs und Steinbutt. Der Aufschwung in der Lachszucht hat zu einem preisgünstigen Angebot dieses Edelfisches geführt.

Tips für Einkauf und Lagerung

Beste Qualität ist die wichtigste Voraussetzung für das Gelingen der Mahlzeit. Daher sollten Sie beim Einkauf folgendes beachten:

◆ Kaufen Sie Fisch nach Angebot. Sie sollten Fischsorten bevorzugen, die gerade reichlich und preiswert auf dem Markt sind.

◆ Am Aussehen und Geruch kann man die Frische eines Fisches erkennen. Kennzeichen für Frische sind: kräftige, glänzende Hautfarbe, festsitzende Schuppen, frisch und klar aussehender Schleim, festes, elastisches Fleisch sowie klare und vorgewölbte Pupillen. Fisch darf niemals einen penetranten Fischgeruch verströmen – er muß wie eine frische Meeresbrise riechen. Hände weg auch von Fisch mit stumpfer Farbe und schlaffem Fleisch, grauen Kiemen und stumpfen, eingefallenen Augen.

◆ In einem guten Fischgeschäft können Sie Fische im Ganzen, filetiert oder in Stücken kaufen. Bitten Sie auf jeden Fall darum, daß Ihnen der Fisch küchenfertig verkauft wird, also ausgenommen und wenn nötig auch geschuppt oder gehäutet. Wie man einen Fisch fachgerecht säubert und filiert lesen Sie auf Seite 8 und 9 .

◆ Als Faustregel für die Einkaufsmenge gilt: pro Person sollten Sie 150 bis 200g Fischfilet oder 250 bis 300g vom ganzen Fisch einplanen.

◆ Wenn Sie Fisch auf Eis lagern wollen, sollten Sie immer ein Tuch oder eine Folie dazwischenlegen.

◆ Nach dem Einkauf den Fisch aus der Verpackung nehmen und abgedeckt in einer Porzellanschüssel in den Kühlschrank stellen. Tiefgefrorener Fisch sollte zum Auftauen ebenfalls aus der Verpackung befreit und zugedeckt in den Kühlschrank gelegt werden. Fisch immer schnellstmöglich verarbeiten – er wird durch Lagern nicht besser, nur älter.

Küchentechnik

Nützliches Handwerkszeug

Ein sauberer Arbeitsplatz ist die erste Voraussetzung für das Zubereiten einer Fischmahlzeit. An Küchengeräten empfehlen wir folgendes:

- ein Filetiermesser mit langer, dünner, schmaler Klinge
- ein scharfes, schweres Kochmesser zum Zerteilen des Fleisches
- eine Küchenschere zum Abschneiden von Flossen
- ein Gemüsemesser
- eine gute Pfanne aus Edelstahl oder Gußeisen oder eine beschichtete Pfanne
- einen Kochtopf
- eine Sauteuse (ein Saucentopf mit nach oben hin größer werdendem Durchmesser) zum Einkochen von Saucen und Fonds. Sie können dazu aber auch einen normalen Kochtopf verwenden
- eine ofenfeste Form zum Pochieren (Garziehen) im Backofen
- ein Schneidbrett mit glatter Kunststoffoberfläche
- eine Pinzette zum Entfernen kleiner Gräten
- ein Haarsieb und eventuell ein Spitzsieb zum Passieren von Saucen
- einen Mixer und einen elektrischen Pürierstab

Das Vorbereiten eines Fisches

Rundfische schuppen und ausnehmen

1. Fische, deren Haut mitgegessen werden soll, werden meist geschuppt. Dazu den Fisch am Schwanz festhalten und die Schuppen zum Kopf hin mit einem Schupper oder dem Rücken eines Messers abschaben. Am besten im Abwaschbecken arbeiten, damit die Schuppen nicht durch die Küche spritzen.
2. Zum Ausnehmen einen Schnitt vom Darmausgang bis zum Kopf mit einem spitzen Messer führen. Dabei keinesfalls zu tief einschneiden, damit die Eingeweide nicht verletzt werden.
3. Die Innereien direkt hinter dem Kopf abschneiden und vorsichtig herausnehmen. Darauf achten, daß dabei die Galle nicht verletzt wird. Den Fisch von innen auswaschen.
4. Soll der Fisch als Ganzes verwendet werden, müssen jetzt nur noch die Flossen und eventuelle Stacheln mit einer Küchenschere abgeschnitten werden.

Rundfische filieren

1. Bei runden Fischen werden 2 Filets geschnitten, je 1 aus der Ober- und aus der Unterseite. Dafür das Messer direkt hinter der Kiemenöffnung ansetzen und den Fisch bis zur Mittelgräte hin einschneiden.
2. Nun das Messer vom Kopf bis zum Schwanzende waagrecht an der Mittelgräte entlangführen und so das Filet abschneiden. Dann den Fisch wenden und das zweite Filet genauso abschneiden.
3. Anschließend die Filets mit der Hautseite nach unten auf die Arbeitsfläche legen und vorsichtig die schrägen Bauchgräten herausschneiden. Noch verbliebene kleine Gräten mit einer Pinzette aus dem Mittelteil der Filets ziehen.
4. Um die Haut zu entfernen, die Filets am Schwanzende festhalten und das Messer parallel zwischen Haut und Filet bis zum Kopfende ziehen.

Rundfische filieren: Filet abschneiden

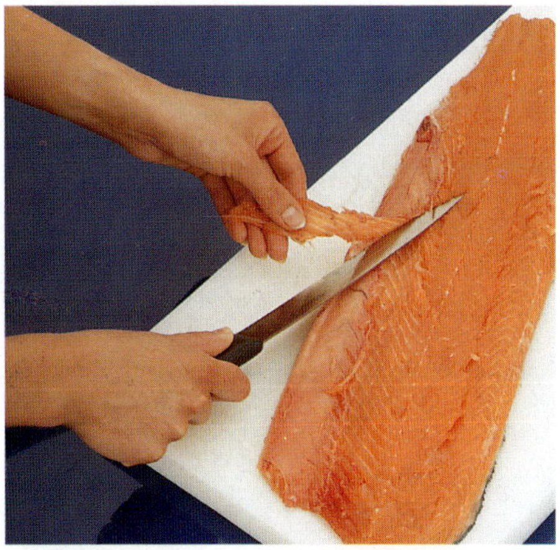

Restliche Gräten abschneiden

Die Haut entfernen

Plattfische filieren

1. Kleine Plattfische, wie die Seezunge, werden vor dem Filieren gehäutet. Die Haut am Schwanzende mit einem scharfen Messer quer einschneiden und so weit lösen, daß man sie gut fassen kann. Nun mit einer Hand das Schwanzende mit Hilfe eines Küchentuchs festhalten und mit der anderen die Haut zum Kopf hin abziehen.

2. Bei Plattfischen werden 4 Filets geschnitten. Den gehäuteten Fisch vom Kopf bis zum Schwanz entlang der Rückengräte einschneiden. Dann das Messer flach ansetzen und zwischen Filet und Gräte entlangschneiden.

3. Das Filet abheben. Das zweite Filet ebenso lösen. Anschließend den Fisch umdrehen und die 2 weiteren Filets auf die gleiche Weise lösen. Dann den fransigen Flossenrand abschneiden.

4. Große Plattfische, wie Butte, werden ähnlich wie die kleinen Plattfische filiert. Das Fleisch muß aber nicht nur längs der Mittelgräte, sondern auch entlang des Flossensaums eingeschnitten werden. Anschließend werden die Filets wie oben beschrieben (Punkt 2 und 3) gelöst. Die Fische werden erst nach dem Filieren gehäutet (siehe Punkt 1).

Tips zum guten Gelingen

Beim Nachkochen der Rezepte sollten Sie auf folgendes achten:

- Fisch vor der Verwendung stets gründlich mit Wasser abspülen und trockentupfen.
- In vielen Rezepten wird der Fisch im Ofen gegart. Ob Sie dazu eine Backform oder eine Auflaufform verwenden, bleibt Ihnen überlassen. Wichtig ist, daß die Form ofenfest ist und keine Flüssigkeit austreten kann. Die Form sollte so groß sein, daß man die Filets oder Fische nebeneinander hineinlegen kann. Wählen Sie aber auch keine zu große Form: der Fisch wäre dann nicht mehr mit ausreichend Sud bedeckt.
- Zum Garen wird die Form stets mit einem Deckel oder mit Alufolie abgedeckt. Wenn nichts anderes angegeben ist, wird auf einer mittleren Einschubleiste gegart.
- Wenn der gegarte Fisch kurze Zeit warm gehalten werden muß, ihn abgedeckt auf eine Warmhalteplatte stellen.

Grundrezepte

Fischfond

Für viele Rezepte dieses Buches wird ein Fischfond als Grundlage einer Sauce oder als Sud zum Garen des Fisches benötigt. Sie können zwar auch ein Fertigprodukt aus dem Glas verwenden, doch schmeckt ein selbstgekochter Fond natürlich besser. Zeitsparend ist es, wenn Sie den Fond auf Vorrat zubereiten: Füllen Sie den erkalteten Fond in Eiswürfelbehälter, lassen ihn gefrieren und geben Sie die Würfel anschließend in Gefrierbeutel, die Sie luftdicht verschließen. Im Tiefkühlgerät kann der Fond bis zu 4 Wochen aufbewahrt werden.

Für 2 l Fond
200 g Zwiebeln
400 g Fenchel, Lauch und Sellerie
1 EL Butter
500 ml trockener Weißwein
1,5 kg Karkassen (Gräten, Schwänze, Köpfe ohne Kiemen – erhalten Sie umsonst beim Fischhändler)
etwas Dill und Estragon
10 zerstoßene Pfefferkörner
1 Lorbeerblatt

1. Die Zwiebeln schälen und in Würfel schneiden. Das Gemüse putzen, waschen und ebenfalls in Würfel schneiden. Die Butter in einem großen Topf zerlassen, Zwiebel- und Gemüsewürfel darin andünsten.
2. Das Ganze mit dem Weißwein ablöschen. Die restlichen Zutaten sowie 3 l Wasser hinzufügen und das Ganze aufkochen lassen.
3. Den Sud für etwa 30 Minuten leicht köcheln lassen. Den sich dabei bildenden Schaum von Zeit zu Zeit abschöpfen. Zum Schluß den Fond durch ein feines Sieb passieren.

Helle Grundsauce

Diese Sauce können Sie je nach Geschmack mit Kräutern, Gewürzen oder Gemüse abwandeln und so zu den unterschiedlichsten Fischen servieren.

Für 4 Portionen
50 g Butter
70 g Mehl
1 l Fischfond
250 g süße Sahne

1. Die Butter in einem Topf zerlassen, das Mehl darin glattrühren und alles mit dem Fischfond auffüllen.
2. Den Fond 20 Minuten unter ständigem Rühren kochen lassen, danach die Sahne erhitzen und dazugeben. Umrühren, alles nochmals 5 Minuten kochen lassen und durch ein Sieb passieren.

Tips zu den Rezepten

Die Zeitangaben

Bei jedem Rezept finden Sie Angaben zur Zubereitungs- und Garzeit. Unter der Rubrik Garzeit werden sämtliche Garzeiten des Rezeptes addiert, also z. B. die Zeit für das Garen des Fisches plus die Garzeit für die Sauce. Zusätzlich werden Sonderzeiten, wie Zeiten zum Marinieren, Quellen etc., ausgewiesen.

Die Portionsangaben

Alle Rezepte – bis auf die des Kapitels „Asiatischer Fischgenuß“, die für 12 Personen gedacht sind, sind für 4 Personen berechnet. Alle Gerichte eignen sich als Hauptgericht.

Die Kalorienangaben

Die Kalorien werden immer für 1 Portion angegeben.

Die Zutatenmengen

Diese beziehen sich stets auf ungeputzte Rohware. Bei Stückangaben wie „1 Möhre“ wird von einer mittleren Größe ausgegangen. Werden Mengen in Eßlöffeln (EL) und Teelöffeln (TL) angegeben, so sind damit gestrichene Maße gemeint.

Die Beilagentips

Hier finden Sie Vorschläge für passende Beilagen. Oftmals wird auch auf Rezepte aus dem Beilagenkapitel verwiesen, die das entsprechende Gericht perfekt ergänzen.

Die Rezeptvariationen

Hier finden Sie Tips, wie Sie die im Rezept verwendete Fischsorte mal ganz anders zubereiten oder wie Sie dem Gericht durch Austauschen von Zutaten eine andere Geschmacksnote geben können.

Die praktischen Tips

Unter dieser Rubrik erhalten Sie interessante Informationen zur Küchenpraxis, zu Einkauf und Lagerung sowie Hinweise zur Warenkunde.

Die Getränketips

Hier werden Hinweise gegeben, welche Getränke besonders gut mit dem Gericht harmonieren.

Die Abkürzungen

ca.	=	zirka
cm	=	Zentimeter
EL	=	Eßlöffel
g	=	Gramm
°C	=	Grad Celsius
kcal	=	Kilokalorien
kg	=	Kilogramm
l	=	Liter
mg	=	Milligramm
ml	=	Milliliter
P.	=	Päckchen
Msp.	=	Messerspitze
S.	=	Seite(n)
TK-...	=	Tiefkühl...
TL	=	Teelöffel

FORELLEN IN DER FOLIE

Infoblock

- Arbeitszeit: ca. 40 Minuten
- Garzeit: ca. 30 Minuten
- 4 Portionen
- ca. 520 kcal je Portion

Zutaten

1 mittelgroße Karotte, ca. 100 g
100 g Knollensellerie
1 kleine Stange Lauch, ca. 100 g
100 g Gemüsefenchel
4 Forellen à ca. 300 g, ausgenommen
1 Bund Estragon
1 TL Meersalz
weißer Pfeffer aus der Mühle
2 EL Butter
200 ml Weißwein
1 Schalotte
200 ml Fischfond
300 g Crème double
1 EL Pernod (Anisschnaps)

GETRÄNKETIP

Am besten schmeckt dazu ein trockener Riesling. Verwenden Sie diesen Wein auch schon für die Sauce.

1 Die Karotte, den Sellerie, den Lauch und den Fenchel putzen und waschen. Das Gemüse dann in etwa 4 cm lange und etwa 2 mm dünne Streifen schneiden.

2 Die Forellen waschen und trockentupfen. Den Estragon waschen und ebenfalls trockentupfen. Die Hälfte des Estragons in die Bauchhöhlen der Forellen legen und sie mit Meersalz und Pfeffer leicht würzen. Den Ofen auf 200 °C vorheizen.

3 Ein etwa 80 cm großes Stück Alufolie auf einem Backblech ausbreiten und in der Mitte dünn mit Butter bestreichen. Die Forellen darauf legen, mit den Gemüsestreifen belegen. Die Hälfte des Weißweins über die Forellen träufeln.

4 Die Alufolie über den Forellen zusammenfalten und alle Ränder gut verschließen. Die Forellen im Backofen etwa 20 Minuten garen.

5 In der Zwischenzeit die Schalotte schälen, fein hacken und in der restlichen Butter andünsten. Sie mit dem restlichen Weißwein ablöschen, den Fischfond dazugeben und alles zur Hälfte einkochen lassen. Nun die Crème double dazugeben und die Sauce nochmals 3 Minuten einreduzieren.

6 Von den restlichen Estragonzweigen die Blättchen abzupfen, sie fein hacken und zusammen mit dem Pernod in die Sauce geben. Die Sauce mit Meersalz und Pfeffer abschmecken.

7 Die Forellen aus dem Ofen nehmen, die Folie aufschneiden und die Forellen zusammen mit dem Gemüse herausnehmen. Die Sauce in einer Sauciere dazu servieren.

BEILAGENTIPS

- **Dazu passen die gefüllten Kartoffeln (Seite 119). Sie können zusammen mit den Forellen im Ofen gegart werden.**
- **Wenn Sie einmal eine ungewöhnliche Beilage zubereiten wollen, sollten Sie roten Camarque-Reis zu den Forellen probieren.**

REZEPTVARIATION

Ganze Forellen können in vielen Variationen zubereitet werden. Eine besonders leckere besteht darin, sie zu braten und mit Mandelrahm zu servieren. Dazu verwenden Sie 4 ausgenommene Forellen, die mit Zitronensaft, Meersalz und Pfeffer gewürzt werden.

Die Forellen in Mehl wenden und in Sonnenblumenöl und etwas Butter auf beiden Seiten in etwa 10 Minuten hellbraun braten. Die Forellen aus der Pfanne nehmen. Geröstete Mandelscheiben in die Pfanne geben und mit etwas Sahne ablöschen. Die Sauce mit Worchestersauce, Meersalz und Pfeffer abschmecken.

KABELJAUFILETS MIT ROTEN BETEN UND BOHNEN

Infoblock

- Arbeitszeit: ca. 40 Minuten
- Garzeit: ca. 40 Minuten
- 4 Portionen
- ca. 450 kcal je Portion

Zutaten

1 mittelgroße Knolle rote Bete
½ TL Meersalz
300 g Bohnen
1 TL getrocknetes Bohnenkraut
1 Bund Blattpetersilie
2 Schalotten
3 EL Butter
100 ml Weißwein
300 ml Fischfond
600 g Kabeljaufilet
200 g Crème double
Saft von ½ Zitrone
weißer Pfeffer aus der Mühle

1 Die rote Bete waschen, putzen und in leicht gesalzenem Wasser in etwa 30 Minuten weichkochen. Sie danach schälen und in etwa 6 mm dicke und 3 cm lange Stäbchen schneiden. Die Bohnen putzen, waschen, quer halbieren und zusammen mit dem Bohnenkraut in gesalzenem Wasser etwa 3 Minuten kochen.

2 Die Petersilie waschen, trockentupfen und die Blättchen von den Stengeln zupfen. Einige für die Garnitur beiseite legen, die restlichen fein hacken. Die Schalotten schälen, fein hacken und die Hälfte in 1 Eßlöffel Butter andünsten.

3 Den Weißwein und den Fischfond dazugeben, alles aufkochen, die Kabeljaufilets in den Sud legen und abgedeckt etwa 8 Minuten ziehen lassen. Den Fisch herausnehmen und warmstellen. Den Fond zu einem Drittel einkochen, dann die Crème double dazugeben, alles nochmals 3 Minuten kochen lassen und mit Zitronensaft, Meersalz und Pfeffer würzen.

4 Die restlichen Schalottenwürfel in 1 Eßlöffel Butter glasig dünsten, die Petersilie dazugeben und alles mit Pfeffer würzen. Die Rote-Bete-Stifte in der Sauce erwärmen. Die Bohnen in der restlichen Butter schwenken. Anschließend das Gemüse mit Meersalz und Pfeffer würzen.

5 Die Butter-Petersilie-Mischung auf die Filets geben und diese auf den Tellern anrichten. Die Rote-Bete-Sauce zusammen mit den Bohnen darum verteilen und alles mit Petersilienblättchen garnieren.

BEILAGENTIP

Dazu schmeckt sehr gut Basmatireis mit gerösteten Mandeln.

REZEPTVARIATION

Wer rote Bete nicht mag, kann statt dessen auch Karotten nehmen. Dafür 300 g Karotten schälen, in Stifte schneiden und in 1 Eßlöffel Butter, ½ Teelöffel Zucker und etwas Wasser bißfest garen und glacieren. Sie zum Schluß mit etwas Zitronensaft und Meersalz abschmecken und in die Sauce geben.

GETRÄNKETIP

Dazu paßt ein fruchtiger Riesling aus der Pfalz.

GEBRATENE SPECKSCHOLLEN MIT KARTOFFELSALAT

Infoblock

- Arbeitszeit: ca. 50 Minuten
- Garzeit: ca. 35 Minuten
- 4 Portionen
- ca. 1170 kcal je Portion

Zutaten

Für den Kartoffelsalat

1 kg kleine Kartoffeln
1 TL Kümmel
2 TL Meersalz
½ Bund Schnittlauch
1 Zwiebel
180 ml Sonnenblumenöl
100 ml Weißweinessig
100 ml Rinder- oder Geflügelbrühe
1 TL Senf
1 Prise Muskatnuß
weißer Pfeffer aus der Mühle
2 Tomaten

Für die Schollen

1 Bund Petersilie
200 g durchwachsener Speck
4 küchenfertige Schollen à ca. 350 g
Meersalz
weißer Pfeffer aus der Mühle
Saft von 1 Zitrone
1 TL Worcestersauce
2 EL Mehl
40 g Butter

1 Die Kartoffeln waschen, zusammen mit dem Kümmel in reichlich gesalzenes Wasser geben und in etwa 20 Minuten weichkochen. Danach das Wasser abschütten und die Kartoffeln noch warm schälen. Die Kartoffeln in etwa 3 mm dicke Scheiben schneiden und in eine Schüssel geben. Den Schnittlauch waschen, trockentupfen und fein schneiden.

2 Die Zwiebel schälen, fein hacken und in der Hälfte des Sonnenblumenöls andünsten. Den Essig und die Brühe dazugeben, alles aufkochen und den heißen Sud über die Kartoffelscheiben gießen. Den Senf darunterrühren und den Salat mit Muskatnuß, Meersalz und Pfeffer würzen. Die Tomaten waschen und achteln. Den Kartoffelsalat in einer Schüssel anrichten, mit den Tomaten und dem Schnittlauch garnieren.

3 Die Petersilie waschen, trockentupfen, die Blättchen von den Stielen zupfen und fein hacken. Die Speckschwarte abschneiden und den Speck zuerst in etwa 3 mm dicke Scheiben und dann in etwa 3 mm dicke Streifen schneiden.

4 Die Flossen der Schollen mit einer Schere abschneiden, den Kopf mit einem Messer abschneiden. Die Schollen waschen und trockentupfen. Sie mit Meersalz, Pfeffer, Zitronensaft und Worcestersauce würzen und anschließend mit Mehl bestäuben.

5 Das restliche Öl in einer Pfanne erhitzen, 1 Eßlöffel Butter dazugeben und die Schollen darin nacheinander auf beiden Seiten in etwa 8 Minuten knusprig braten. Die Schollen auf Tellern warm stellen, den Speck in der Pfanne knusprig ausbraten, die restliche Butter dazugeben und bräunen.

6 Alles mit Meersalz, Pfeffer, Zitronensaft und Worcestersauce würzen und über die Schollen geben. Die Speckschollen mit der Petersilie bestreuen und zusammen mit dem Kartoffelsalat servieren.

REZEPTVARIATION

Schollenfilets schmecken mit einer Sauce von rosa Pfeffer sehr gut. Dazu die Filets in eine gebutterte Backform legen, mit Meersalz und rosa Pfeffer würzen und mit je 50 ml Weißwein und Fischfond begießen. Die Filets im vorgeheizten Ofen bei 180 °C etwa 8 Minuten garen. Für die Sauce 1 fein gehackte Schalotte in Butter andünsten, mit 100 ml Weißwein ablöschen und zur Hälfte einkochen. Nun 200 ml

Fischfond dazugeben und nochmals zu einem Drittel einkochen. 250 g Crème double dazugeben, alles 2 Minuten kochen lassen und mit Meersalz und rosa Pfeffer würzen. 1 Eßlöffel feingehackte Petersilie unter die Sauce rühren.

GETRÄNKETIP

Zur Speckscholle paßt traditionell am besten ein herbes Pils.

ÄSCHENFILETS IN BIERSAUCE

Infoblock

- Arbeitszeit: ca. 50 Minuten
- Garzeit: ca. 20 Minuten
- 4 Portionen
- ca. 570 kcal je Portion

Zutaten

300 g Kürbis
300 g Bohnen
½ TL Meersalz
1 Bund Thymian
4 Äschenfilets à ca. 150 g (ersatzweise Forellenfilets)
Saft von ½ Zitrone
weißer Pfeffer aus der Mühle
2 Schalotten
3 EL Butter
300 ml Pils
300 ml Fischfond
2 TL Weizenstärke
40 g kalte Butter
2 EL Mehl
5 EL Sonnenblumenöl

GETRÄNKETIP

Am besten schmeckt zur Äsche in Biersauce ein Glas frisch gezapftes Pils.

1 Den Kürbis waschen, schälen und in etwa 3 cm lange und etwa 6 mm dicke Stifte schneiden. Die Bohnen waschen, putzen und in etwa 3 cm große Stücke schneiden. Das Gemüse in leicht gesalzenem Wasser 3 Minuten blanchieren, danach mit kaltem Wasser abschrecken und abtropfen lassen.

2 Den Thymian waschen, trockentupfen, 8 kleine Zweige als Garnitur beiseite legen, von den restlichen Zweigen die Blätter abzupfen. Die Fischfilets abspülen, trockentupfen, mit Zitronensaft beträufeln sowie mit Meersalz und Pfeffer würzen.

3 Die Schalotten schälen, fein hacken und zusammen mit 1 Eßlöffel Butter in einem Topf andünsten. Sie mit 200 ml Bier ablöschen, das Bier zu einem Drittel einkochen, den Fischfond dazugeben und alles nochmals zur Hälfte einkochen.

4 Die Stärke mit dem restlichen Bier mischen und in den Fond rühren. Die Sauce aufkochen, vom Feuer nehmen und 40 g Butter in kleinen Stücken darunterrühren. Sie mit Meersalz und Pfeffer würzen und die Thymianblätter dazugeben.

5 Die Filets mit Mehl bestäuben. Das Sonnenblumenöl in einer Pfanne erhitzen, 1 Eßlöffel Butter dazugeben. Die Filets in dieser Mischung auf beiden Seiten in etwa 5 Minuten hellbraun braten.

6 Die Bohnen und den Kürbis in 1 Eßlöffel Butter andünsten und mit Meersalz und Pfeffer würzen. Die Biersauce auf die Teller geben, die Filets darauf legen und die Kürbis- und Bohnenstücke darum herumlegen. Alles mit den Thymianzweiglein garnieren.

BEILAGENTIPS

- **Dazu paßt das Zucchinigratin (Seite 117).**
- **Zusätzlich können Sie zusammen mit Speck gebratene Kartoffelscheiben dazu reichen.**

REZEPTVARIATION

Wem der Biergeschmack zu herb ist, kann das Filet auch pochieren und mit einer Weißweinsauce reichen. Hierfür die Filets mit Meersalz und Pfeffer würzen, in eine gebutterte Backform legen und zusammen mit 100 ml Weißwein und 200 ml Fischfond etwa 5 Minuten im Ofen bei 180 °C garen. Den Fond anschließend in einen Topf geben, zur Hälfte einkochen und 200 g Crème double dazugeben. Die Sauce nochmals 3 Minuten kochen lassen und mit Thymian, Meersalz und Pfeffer abschmecken.

LACHSFORELLENFILETS MIT ZUCKERSCHOTENSAUCE

Infoblock

- Arbeitszeit: ca. 40 Minuten
- Garzeit: ca. 25 Minuten
- 4 Portionen
- ca. 450 kcal je Portion

Zutaten

500 g Steckrübe
½ TL Meersalz
200 g frische Zuckerschoten
2 Schalotten
30 g Butter
100 ml Weißwein
300 ml Fischfond
4 Lachsforellenfilets à ca. 160 g
weißer Pfeffer aus der Mühle
200 g Crème double
½ Bund Dill
2 EL Weißweinessig
¼ TL Zucker

GETRÄNKETIP

Dazu paßt ein trockener Silvaner aus Franken sehr gut.

1 Den Backofen auf 180 °C vorheizen. Die Steckrübe schälen und in etwa 4 cm lange und 8 mm dicke Stifte schneiden. Die Stifte in leicht gesalzenem Wasser blanchieren und in kaltem Wasser abschrecken.

2 Die Zuckerschoten putzen, waschen und in leicht gesalzenem Wasser etwa 3 Minuten kochen. Sie abschrecken und in einem Mixer fein pürieren.

3 Die Schalotten schälen, fein hacken und in 1 Eßlöffel Butter andünsten. Alles mit dem Weißwein ablöschen und ihn zu einem Drittel einkochen lassen, dann den Fischfond dazugeben.

4 Eine ofenfeste Form mit Butter ausstreichen. Die Fischfilets abspülen, trockentupfen und hineinlegen. Etwas Fond über die Filets geben und sie im Ofen etwa 10 Minuten mit Folie abgedeckt garen.

5 Den restlichen Fond zur Hälfte einkochen lassen, die Crème double dazugeben und alles nochmals 2 Minuten kochen lassen. Das Zuckerschotenpüree darunterrühren und die Sauce mit Meersalz und Pfeffer würzen. Den Dill waschen, trockentupfen, etwas zum Garnieren beiseite legen, den Rest fein schneiden.

6 Die Steckrübenstifte in der restlichen Butter andünsten, den Dill daruntermischen und das Gemüse mit Essig, Zucker, Meersalz und Pfeffer würzen. Den Fond der Lachsforellen zur Sauce geben. Das Fischfilet und die Steckrüben zusammen mit der Sauce auf den Tellern anrichten und alles mit dem Dill garnieren.

BEILAGENTIPS

Dazu schmecken die gefüllten Kartoffeln (Seite 119) oder gekochte kleine Kartoffeln, in Butter geschwenkt.

REZEPTVARIATION

Kleine Lachsforellen können auch im Ganzen gebraten werden. Die küchenfertigen Fische mit Zitronensaft, Meersalz und Pfeffer würzen, mit Mehl bestäuben und in 6 Eßlöffeln Sonnenblumenöl und 1 Eßlöffel Butter 2 Minuten auf beiden Seiten braten, dann bei 180 °C 10 Minuten im Ofen backen. In der Zwischenzeit 1 feingehackte Schalotte in 50 g Butter andünsten, 3 Eßlöffel gehackte Kräuter (Thymian, Estragon, Dill und Petersilie) dazugeben. 2 geschälte, entkernte Tomaten in Würfel schneiden, darunterrühren und alles mit Zitronensaft, Meersalz und Pfeffer würzen.

STINTFILETS MIT ZWIEBELSAUCE

Infoblock

- Arbeitszeit: ca. 50 Minuten
- Garzeit: ca. 20 Minuten
- 4 Portionen
- ca. 510 kcal je Portion

Zutaten

1 Bund Blattpetersilie
3 rote Zwiebeln
3 EL Butter
300 ml Spätburgunder
200 ml Fischfond
2 TL Weizenstärke
40 g kalte Butter
16 Stintfilets (von 8 Stinten à ca. 150 g)
½ TL Meersalz
weißer Pfeffer aus der Mühle
Saft von ½ Zitrone
2 EL Mehl
4 EL Sonnenblumenöl

1 Die Blattpetersilie waschen, trockentupfen und von den Stielen zupfen. Die Blättchen fein hacken und beiseite stellen.

2 Die Zwiebeln schälen, achteln und in 1 Eßlöffel Butter andünsten. Sie mit 200 ml Spätburgunder ablöschen und den Wein zu einem Drittel einkochen. Nun den Fischfond dazugeben und alles nochmals zur Hälfte einkochen.

3 Die Weizenstärke mit dem restlichen Spätburgunder glattrühren und in die Zwiebelsauce rühren. Die Sauce aufkochen, vom Feuer nehmen und 40 g kalte Butter darunterrühren. Sie mit Meersalz und Pfeffer abschmecken und die Blattpetersilie dazugeben.

4 Die Filets mit Meersalz, Zitronensaft und Pfeffer würzen, dann mit Mehl bestäuben. In einer Pfanne das Sonnenblumenöl erhitzen, 1 Eßlöffel Butter dazugeben und die Filets darin auf beiden Seiten 3 Minuten braten.

5 Die Sauce auf die Teller geben und die Filets darauf legen. Alles mit den Petersilienblättern garnieren.

BEILAGENTIPS

Dazu schmecken Butterreis mit gerösteten Mandeln und das Zucchinigratin (Seite 117).

REZEPTVARIATION

**Zu den Stintfilets paßt auch eine Salbeibutter mit Limetten. Dazu 1 Bund frischen Salbei waschen, trockentupfen und die Blättchen abzupfen.
4 Limetten mit einem Messer filetieren. Den verbliebenen Saft aus dem Gerippe auspressen und zu den Filets geben. 80 g Butter bräunen, den Salbei kurz darin rösten, dann die Limettenfilets und den Saft dazugeben. Das Ganze über die gebratenen Filets geben.**

PRAKTISCHER TIP

Stinte gehören zur Familie der Lachse. Sie werden nur 20 bis 30 cm groß.

GETRÄNKETIP

Am besten trinkt man dazu einen Spätburgunder Rotwein aus Baden.

AAL IM SUD

Infoblock

- Arbeitszeit: ca. 50 Minuten
- Garzeit: ca. 15 Minuten
- 4 Portionen
- ca. 920 kcal je Portion

Zutaten

1 Aal, ca. 1,4 kg (vom Fischhändler gehäutet und ausgenommen)
1 Zwiebel
1 mittelgroße Karotte
½ kleiner Knollensellerie
½ Lauchstange
1 Lorbeerblatt
200 ml Weißwein
½ TL Meersalz
weißer Pfeffer aus der Mühle
1 Schalotte
1 Eßlöffel Butter
300 g Crème double
1 Bund Dill
1 TL Senf
8 Dillsträußchen

1 Vom Aal den Kopf und den Schwanz abschneiden, den Körper in 8 Stücke schneiden. Die Zwiebel, die Karotte und den Sellerie schälen und in etwa 2 mm dünne und 4 cm lange Streifen schneiden. Den Lauch putzen, waschen und ebenfalls in Streifen schneiden.

2 Das Gemüse, das Lorbeerblatt und den Weißwein in einen Topf geben und mit 2 l Wasser auffüllen. Den Sud aufkochen, Meersalz und Pfeffer dazugeben und die Aalstücke darin bei geringer Hitzezufuhr etwa 10 Minuten ziehen lassen.

3 Die Schalotte schälen, fein hacken und in der Butter andünsten. 400 ml vom Aalfond dazugeben und zu einem Drittel einkochen lassen. Die Crème double dazugeben und die Sauce dann nochmals etwa 3 Minuten kochen lassen.

4 Den Dill waschen, trockentupfen, von den groben Stielen zupfen und fein schneiden. Den Senf und den Dill in die Sauce rühren und sie mit Meersalz und Pfeffer abschmecken.

5 Den Aal zusammen mit dem Gemüse auf Tellern anrichten und mit den Dillsträußchen garnieren. Die Sauce darum herumgeben.

BEILAGENTIPS

Dazu passen die gefüllten Kartoffeln (Seite 119) oder einfach kleine gekochte Kartoffeln, die in Kümmelbutter geschwenkt werden.

REZEPTVARIATION

Aal kann man auch als Ragout zubereiten. Dazu 200 g Karotten in etwa 3 cm lange Stifte schneiden, 200 g Bohnen in etwa 3 cm lange Stücke schneiden und 200 g kleine Champignons bereit stellen. Die Aalstücke in 200 ml Weißwein und 400 ml Fischfond 10 Minuten ziehen lassen, dann zusammen mit dem Gemüse nochmals 5 Minuten garen. Fisch und Gemüse aus dem Fond nehmen, ihn mit 2 Eßlöffeln Mehlbutter binden und zusammen mit 200 g Crème double nochmals 3 Minuten kochen lassen. Die Sauce mit Meersalz und Pfeffer abschmecken, gehackte Petersilie, Aal und Gemüse dazugeben und alles mit 150 g knusprig gebratenem Speck garnieren.

GETRÄNKETIPS

- **Am besten trinkt man ein herbes Pils dazu.**
- **Zur besseren Verdauung des fettreichen Aalfleisches empfiehlt sich ein Kümmelschnaps.**

MAKRELENFILETS MIT KNOBLAUCH UND ROSMARIN

Infoblock

- Arbeitszeit: ca. 30 Minuten
- Garzeit: ca. 15 Minuten
- 4 Portionen
- ca. 590 kcal je Portion

Zutaten

1 römischer Salat
4 Knoblauchzehen
4 Tomaten
4 Makrelenfilets à ca. 170 g
Saft von 2 Zitronen
½ TL Meersalz
weißer Pfeffer aus der Mühle
2 EL Mehl
1 Schalotte
4 EL Butter
100 g Crème double
6 EL Sonnenblumenöl
4 Rosmarinzweige

GETRÄNKETIP

Den kräftigen Geschmack der Makrelen unterstreicht ein roter Wein aus dem Burgund.

1 Den Salat putzen, die Blätter in eiergroße Stücke zupfen, sie waschen und abtropfen lassen. Die Knoblauchzehen schälen, halbieren und die Hälften in feine Scheiben schneiden.

2 Die Tomaten in kochendem Wasser kurz blanchieren, mit kaltem Wasser abschrecken und enthäuten. Die Tomaten halbieren, vom grünen Stielansatz befreien, entkernen und in etwa 1 cm große Würfel schneiden. Die Makrelenfilets abspülen, trockentupfen, mit Zitronensaft, Meersalz und Pfeffer würzen und mit Mehl bestäuben.

3 Die Schalotte schälen, fein hacken und in 1 Eßlöffel Butter andünsten. Die Salatstücke und die Tomatenwürfel dazugeben und etwa 2 Minuten mitdünsten. Die Crème double darunterrühren und die Sauce mit Meersalz und Pfeffer würzen.

4 Das Sonnenblumenöl in einer Pfanne erhitzen, 1 Eßlöffel Butter dazugeben und die Filets darin auf beiden Seiten etwa 5 Minuten braten.

5 Den Rosmarin waschen, trockentupfen und einige Spitzen für die Garnitur beiseite legen. Von den Zweigen die Nadeln abzupfen und fein hacken. 2 Eßlöffel Butter in die Pfanne geben, aufschäumen lassen, den Rosmarin und den Knoblauch dazugeben und alles mit Meersalz, Zitronensaft und Pfeffer würzen.

6 Das Gemüse auf die Teller geben, die Filets daneben legen, mit der Knoblauch-Rosmarin-Butter übergießen und mit etwas Rosmarin garnieren.

BEILAGENTIPS

- **Dazu paßt das Pilzrisotto (Seite 114).**
- **Ebenfalls sehr gut schmecken in Butter gebratene Kartoffelscheiben, bestreut mit Petersilie und Paprika.**

REZEPTVARIATION

Makrelen lassen sich sehr gut im Ganzen grillen. Dazu küchenfertige Makrelen mit frischem Thymian, Rosmarin und Estragon füllen und mit Meersalz, Pfeffer, 2 feingehackten Knoblauchzehen, Zitronensaft und Worcestersauce einreiben. Die Fische dann mit 100 ml Sonnenblumenöl bestreichen und 15 Minuten auf dem Grill von beiden Seiten braten.

SCHELLFISCH AUF GEMÜSESTREIFEN IN ESTRAGONSENFSAUCE

Infoblock

- Arbeitszeit: ca. 40 Minuten
- Garzeit: ca. 20 Minuten
- 4 Portionen
- ca. 470 kcal je Portion

Zutaten

1 Schellfisch von ca. 1,3 kg (vom Fischhändler ausgenommen)
2 mittelgroße Karotten
150 g Knollensellerie
1 kleine Lauchstange
1 Lorbeerblatt
150 ml Weißwein
½ TL Meersalz
weißer Pfeffer aus der Mühle
1 Bund Estragon
1 Schalotte
1 EL Butter
250 g Crème double
1 EL Estragonsenf

1 Kopf und Schwanz des Schellfisches abschneiden und den Körper in 4 gleich große Stücke schneiden. Die Karotten und den Sellerie schälen und in etwa 2 mm dünne und 4 cm lange Streifen schneiden. Den Lauch putzen, waschen und ebenfalls in dünne Streifen schneiden.

2 Das Gemüse zusammen mit dem Lorbeerblatt und dem Weißwein in einen Topf geben, 3 l Wasser dazugeben und den Sud aufkochen. Ihn mit Meersalz und Pfeffer würzen und die Fischstücke darin etwa 12 Minuten ziehen lassen.

3 Den Estragon waschen, trockentupfen und die Blättchen von den Stielen zupfen. Einige für die Garnitur beiseite legen und die restlichen fein hacken. Die Schalotte schälen und fein hacken. Die Butter anschließend in einer Pfanne erhitzen und die Schalottenwürfel darin andünsten.

4 Die Schalotte mit 400 ml Schellfischfond ablöschen und ihn zu einem Drittel einkochen. Die Crème double dazugeben, alles nochmals 3 Minuten kochen lassen und mit dem Estragonsenf, dem gehackten Estragon, Meersalz und Pfeffer abschmecken.

5 Die Gemüsestreifen aus dem Sud nehmen, trockentupfen und auf der Tellermitte anrichten. Die Schellfischstücke darauf legen, die Sauce darum verteilen und das Gericht mit Estragon garnieren.

BEILAGENTIP

Dazu schmeckt sehr gut wilder Reis. Diesen zuerst 6 Stunden in Wasser einweichen, dann etwa 30 Minuten kochen und zum Schluß mit Butter verfeinern.

REZEPTVARIATION

Schellfischfilets schmecken auch sehr gut, wenn sie gebraten und mit einer Kapernbutter serviert werden. Dazu die Filets mit Zitronensaft, Meersalz und Pfeffer würzen und in Mehl wenden. Die Filets zuerst in 4 Eßlöffeln Sonnenblumenöl und 1 Eßlöffel Butter auf beiden Seiten anbraten und dann im vorgeheizten Ofen bei 180 °C in etwa 10 Minuten fertigbraten. Die Filets danach warmstellen, 30 g Butter in die Pfanne geben, bräunen lassen, mit Kapern und gehackter Petersilie mischen und über die Filets geben.

PRAKTISCHER TIP

In einem solchen Gemüsesud, wie im Rezept beschrieben, können Sie auch andere Fische garziehen lassen.

GETRÄNKETIP

Servieren Sie zum zarten Schellfisch einen halbtrockenen Silvaner aus Franken.

SEELACHSFILETS MIT DILLSAUCE UND GURKENSALAT

Infoblock

- Arbeitszeit: ca. 30 Minuten
- Garzeit: ca. 7 Minuten
- 4 Portionen
- ca. 840 kcal je Portion

Zutaten

3 Tomaten
1 Bund Dill
2 Schalotten
150 g Crème fraîche
150 g Joghurt
½ TL Meersalz
weißer Pfeffer aus der Mühle
1 TL Senf
3 EL Weißweinessig
3 EL Olivenöl
1 Salatgurke
200 g helles Toastbrot
700 g Seelachsfilet
2 Zitronen
3 EL Mehl
1 Ei
8 EL Sonnenblumenöl
1 EL Butter

GETRÄNKETIP

Dazu schmeckt ein frisch gezapftes Pils sehr gut.

1 Die Tomaten in kochendem Wasser blanchieren, anschließend abschrecken und enthäuten. Die Tomaten halbieren, vom Stielansatz befreien, entkernen und in etwa 1 cm große Würfel schneiden.

2 Den Dill waschen und trockentupfen. Einige kleine Sträußchen für die Garnitur beiseite legen, die restlichen Blättchen fein schneiden. Die Schalotten schälen und fein hacken. Den Dill und die Hälfte der Schalotten mit der Crème fraîche und dem Joghurt verrühren und diese Sauce mit Meersalz und Pfeffer abschmecken.

3 Den Senf, die restlichen Schalotten und den Weißweinessig verrühren. Das Olivenöl darunterrühren und alles mit Meersalz und Pfeffer abschmecken. Die Gurke schälen, der Länge nach halbieren und mit einem Löffel entkernen. Die Gurkenhälften in dünne Scheiben schneiden, sie mit den Tomatenwürfeln und dem Senfdressing mischen.

4 Das Toastbrot reiben. Das Seelachsfilet häuten, abspülen und trockentupfen. Es in 8 Stücke schneiden, mit dem Saft von ½ Zitrone, Meersalz und Pfeffer würzen und mit Mehl bestäuben. Die Fischstücke in verquirltem Ei, dann in den Bröseln wenden.

5 Das Sonnenblumenöl in einer Pfanne erhitzen, die Butter dazugeben und die Filets darin auf beiden Seiten in etwa 5 Minuten hellbraun braten. Die restlichen Zitronen schälen und danach in Scheiben schneiden.

6 Den Gurkensalat auf den Tellern anrichten, je zwei Filets danebenlegen und mit den Zitronenscheiben und dem Dill garnieren. Die Dillsauce getrennt dazu servieren.

BEILAGENTIPS

Dazu schmecken die gefüllten Kartoffeln (Seite 119) oder einfach kleine gekochte Kartoffeln, die in Scheiben geschnitten und zusammen mit Paprikapulver in heißer Butter geschwenkt werden.

REZEPTVARIATION

Anstatt Gurkensalat können Sie auch gebackene Zucchini zum Filet reichen. Ungeschälte, kleine Zucchini (ca. 400 g) in etwa 4 mm dünne Scheiben schneiden. Die Scheiben mit Meersalz und Pfeffer würzen, mit Mehl bestäuben und in Olivenöl auf beiden Seiten hellbraun braten. Die Scheiben auf eine Platte legen und mit dem Dressing marinieren.

GEBRATENE FELCHEN MIT PILZEN

Infoblock

- Arbeitszeit: ca. 50 Minuten
- Garzeit: ca. 25 Minuten
- 4 Portionen
- ca. 710 kcal je Portion

Zutaten

4 Felchen à ca. 350 g, ausgenommen (ersatzweise Bachforellen)
Saft von ½ Zitrone
½ TL Meersalz
weißer Pfeffer aus der Mühle
200 g Pfifferlinge
200 g Champignons
200 g Austernpilze
½ Bund Estragon
½ Bund Dill
2 Schalotten
2 EL Butter
1 Knoblauchzehe
100 ml Weißwein
200 g Crème double
1 Prise frisch geriebene Muskatnuß
2 EL Mehl
6 EL Sonnenblumenöl

1 Die Felchen schuppen und auswaschen, die Flossen halb abschneiden. Die Fische trockentupfen, mit Zitronensaft, Meersalz und Pfeffer würzen.

2 Die Pilze putzen, waschen und abtropfen lassen. Die Champignons vierteln, große Pfifferlinge halbieren und die Austernpilze achteln. Alle Pilzstücke sollten etwa die gleiche Größe haben. Den Ofen auf 180 °C vorheizen.

3 Den Estragon und den Dill waschen und trockentupfen. Etwas für die Garnitur und je 4 Zweige für die Füllung beiseite legen. Die restlichen Kräuter für die Sauce fein schneiden.

4 Die Schalotten schälen, fein hacken und in 1 Eßlöffel Butter in einem Topf dünsten. Die Pilze dazugeben und etwa 3 Minuten anschwitzen. Den Weißwein dazugeben und die Pilze etwa 2 Minuten dünsten. Sie dann herausnehmen und den Fond zu einem Drittel einkochen. Ihn anschließend vom Herd nehmen.

5 Die Felchen mit Mehl bestäuben, je 1 Zweig Dill und Estragon in die Felchen legen. Das Sonnenblumenöl in einer Pfanne erhitzen und 1 Eßlöffel Butter dazugeben. Die Felchen darin auf beiden Seiten etwa 2 Minuten hellbraun anbraten und dann etwa 8 Minuten im Ofen garen.

6 Die Crème double in den Fond geben und ihn nochmals 3 Minuten kochen lassen. Die Pilze wieder dazugeben, die gehackten Kräuter daruntermischen und alles mit Meersalz, Muskat und Pfeffer würzen.

7 Die Felchen aus der Pfanne nehmen, trockentupfen, mit der Sauce anrichten und alles mit den Kräutern garnieren.

BEILAGENTIP

Dazu passen besonders gut die Spinatgrießnocken (Seite 118). Schieben Sie diese möglichst gleichzeitig mit den Felchen in den Ofen.

REZEPTVARIATION

Die Felchen können Sie auch im Ofen garen. Dazu die Felchen filieren oder filieren lassen. Die gehäuteten Filets in eine gebutterte, ofenfeste Form geben und mit etwas gehackten Schalotten und Weißwein im Backofen etwa 5 Minuten garen. Den Fond danach zu den Pilzen geben und zusammen mit den Filets servieren.

BARBENFILETS IN BALSAMICOSAUCE

Infoblock

- Arbeitszeit: ca. 35 Minuten
- Garzeit: ca. 15 Minuten
- 4 Portionen
- ca. 630 kcal je Portion

Zutaten

2 Barbenfilets à ca. 350 g
Saft von ½ Zitrone
½ TL Meersalz
weißer Pfeffer aus der Mühle
1 Bund Thymian
4 Tomaten
2 Schalotten
2 Eßlöffel Butter
300 ml Fischfond
200 g Crème double
3 EL Balsamico-Essig
2 EL Mehl
5 EL Sonnenblumenöl

GETRÄNKETIP

Dazu empfehlen wir einen leichten, fruchtigen Chianti riserva.

1 Die Barbenfilets halbieren und mit Zitronensaft, Meersalz und Pfeffer würzen.

2 Den Thymian waschen, trockentupfen und 4 kleine Zweige für die Garnitur beiseite legen. Von den restlichen Zweigen die Blättchen abzupfen und fein hacken. Die Tomaten kurz in kochendem Wasser blanchieren, herausnehmen, abschrecken und enthäuten. Die Tomaten entkernen und in etwa 1 cm große Würfel schneiden.

3 Die Schalotten schälen, fein hacken und in der Hälfte der Butter andünsten. Alles mit dem Fischfond ablöschen, ihn zu einem Drittel einkochen und dann die Crème double dazugeben. Die Sauce nochmals 3 Minuten kochen, den Essig dazugeben und die Sauce mit Thymian, Meersalz und Pfeffer würzen.

4 Die Barbenfilets trockentupfen und mit Mehl bestäuben. Das Sonnenblumenöl in einer Pfanne erhitzen, die restliche Butter dazugeben und die Filets darin auf beiden Seiten in etwa 4 Minuten hellbraun braten.

5 Die Tomaten in die Sauce geben und darin erwärmen. Die Filets auf die Teller legen, die Sauce darum herum verteilen und mit Thymian garnieren.

BEILAGENTIPS

- **Dazu passen kleine, mit einem Kugelausstecher ausgestochene Kartoffelkugeln. Sie werden kurz blanchiert, trockengetupft und dann in Butter hellbraun gebraten.**
- **Eine raffinierte Beilage zu diesem Gericht sind die schwarzen Nudeln (Seite 115) oder das Zucchinigratin (Seite 117).**

REZEPTVARIATION

Die Barbenfilets schmecken auch sehr gut mit Tomatensauce und Basilikum. Dazu 500 g Tomaten kleinschneiden. Von 1 Bund Basilikum die Blätter abzupfen. Die Tomaten zusammen mit den Basilikumstielen, 1 feingehackten Knoblauchzehe und 2 Schalotten in Olivenöl andünsten. Dann 400 ml Fischfond dazugeben und alles etwa 15 Minuten kochen. Die Sauce durch ein Sieb passieren und nochmals 3 Minuten einkochen. Sie zusammen mit 30 g Butter aufmixen und mit Meersalz und Pfeffer abschmecken. Vor dem Servieren die in Streifen geschnittenen Basilikumblätter daruntergeben.

FORELLENFILETS IN DILL-ROGEN-SAUCE

Infoblock

- Arbeitszeit: ca. 20 Minuten
- Garzeit: ca. 20 Minuten
- 4 Portionen
- ca. 500 kcal je Portion

Zutaten

8 Bachforellenfilets mit Haut à ca. 80 g
1 Schalotte
2 EL Butter
200 ml Weißwein
200 ml Fischfond
1 TL Meersalz
weißer Pfeffer aus der Mühle
1 Salatgurke
1 Bund Dill
300 ml Crème double
1 EL Noilly Prat (trockener französischer Vermouth)
100 g Forellenrogen

GETRÄNKETIP

Zu den gedünsteten Forellen paßt am besten ein trockener Silvaner.

1 Die Filets auf die Hautseite legen, die eventuell noch vorhandenen Gräten mit einer Pinzette entfernen und die Haut vom Schwanz her mit einem dünnen Messer vom Filet lösen. Den Backofen auf 180 °C vorheizen.

2 Für die Sauce die Schalotte schälen, fein hacken und mit der Hälfte der Butter in einem Topf anschwitzen. Die Schalotten mit dem Weißwein ablöschen, zu einem Drittel einkochen lassen, dann den Fischfond dazugeben.

3 Eine ofenfeste Form mit wenig Butter ausstreichen. Die Filets mit der Hautseite nach unten in die Form legen und mit Meersalz und Pfeffer würzen. Etwas Saucenfond über die Filets geben. Die Form mit Alufolie abdecken und die Filets etwa 5 Minuten im Ofen garen. Sie anschließend warm halten.

4 In der Zwischenzeit die Gurke schälen, halbieren und in etwa 2 mm dicke Scheiben schneiden. Die Gurkenscheiben in einer Pfanne in der restlichen Butter in etwa 3 Minuten dünsten und dann mit Meersalz und Pfeffer würzen. Den Dill waschen und trockentupfen. 8 kleine Sträußchen abzupfen und für die Garnitur beiseite legen, den Rest fein schneiden.

5 Den Saucenfond auf die Hälfte einkochen, die Crème double und den Fond von den Filets dazugeben, die Sauce nochmals 3 Minuten kochen lassen. Sie mit Noilly Prat, Meersalz und Pfeffer abschmecken. Den Forellenrogen kalt abspülen und zusammen mit dem geschnittenen Dill in die Sauce geben.

6 Die Gurken auf den Tellern anrichten, die Filets darüberlegen, mit der Sauce begießen und mit den Dillsträußchen garnieren.

BEILAGENTIP

Dazu passen dünne Bandnudeln oder wilder Reis.

REZEPTVARIATION

Forellenfilets schmecken auch gebraten nach Grenobler Art sehr lecker. Dazu würzt man die Filets mit Meersalz und Pfeffer, wendet sie in Mehl und brät sie in einer Mischung aus 6 Eßlöffeln Sonnenblumenöl und 1 Eßlöffel Butter auf beiden Seiten hellbraun. Dann brät man 2 geschälte, in Würfel geschnittene Zitronen, 50 g Kapern und 3 in kleine Würfel geschnittene und geröstete Toastbrotscheiben in 40 g brauner Butter und gibt diese Mischung über die Filets.

PRAKTISCHER TIP

Für dieses Rezept sollten Sie Filets von Bachforellen verwenden. Diese „kleine Schwester“ der beliebten Regenbogenforelle ist besonders wohlschmeckend.

GEBRATENE SARDINEN MIT KRÄUTERN UND RATATOUILLE

Infoblock

- Arbeitszeit: ca. 50 Minuten
- Garzeit: ca. 15 Minuten
- 4 Portionen
- ca. 540 kcal je Portion

Zutaten

je ¼ Bund Thymian,
Rosmarin, Oregano,
Petersilie und Basilikum
je 1 rote und gelbe
Paprikaschote
2 Zucchini
1 Aubergine
4 Tomaten
2 Knoblauchzehen
1 Zwiebel
6 EL Olivenöl
½ TL Meersalz
Pfeffer aus der Mühle
1 Schalotte
Saft von 1 Zitrone
1 kg küchenfertige Sardinen
(ausgenommen, aber mit
Kopf und Schwanz)
40 g Butter

GETRÄNKETIP

Zu den Sardinen schmeckt ein kräftiger Chianti classico.

1 Die Kräuter waschen, trockentupfen und die Blättchen von den Stielen zupfen. Einige für die Garnitur beiseite legen, die restlichen fein hacken. Die Paprikaschoten, die Zucchini und die Aubergine waschen und trockentupfen. Paprikaschoten halbieren und entkernen, Zucchini und Aubergine putzen. Die Gemüse dann einzeln in etwa 1 cm große Würfel schneiden.

2 Die Tomaten waschen, in kochendem Wasser kurz blanchieren und in kaltem Wasser abschrecken. Die Tomaten enthäuten, halbieren und entkernen. Das Tomatenfleisch in etwa 1 cm große Würfel schneiden.

3 Den Knoblauch und die Zwiebel schälen, den Knoblauch fein hacken und die Zwiebel in etwa 1 cm große Würfel schneiden. Etwa 2 Eßlöffel Olivenöl in einem Topf erhitzen, die Auberginen darin 2 Minuten andünsten, dann die Zwiebelwürfel, die Hälfte des gehackten Knoblauchs und die Paprikawürfel dazugeben. Das Gemüse nochmals 2 Minuten dünsten.

4 Nun die Zucchini dazugeben und alles weitere 3 Minuten dünsten. Die Tomatenwürfel und ¼ der gehackten Kräuter dazugeben und das Gemüse mit Meersalz und Pfeffer würzen.

5 Die Schalotte schälen und fein hacken. Die Sardinen mit Meersalz, etwas Zitronensaft und Pfeffer würzen und in dem restlichen Olivenöl etwa 6 Minuten auf beiden Seiten braten.

6 Die Butter in der Pfanne aufschäumen lassen, die Schalotten und den restlichen Knoblauch kurz darin andünsten, dann die Kräuter dazugeben, und alles mit Meersalz, Zitronensaft und Pfeffer würzen.

7 Das Ratatouille auf den Tellern verteilen, die Sardinen darauf legen und sie mit den Kräutern bestreuen. Alles mit den beiseitegelegten Kräutern garnieren.

BEILAGENTIPS

- **Dazu schmecken die schwarzen Nudeln (Seite 115).**

REZEPTVARIATION

Die Sardinen lassen sich sehr gut grillen. Dafür legt man sie für einen halben Tag in 200 ml Olivenöl mit je 1 Sträußchen Thymian, Rosmarin, Salbei und 2 geschälten, in Scheiben geschnittenen Knoblauchzehen ein. Die Sardinen mit Meersalz und Pfeffer würzen und etwa 5 Minuten grillen.

ROTBARSCHFILETS AUF LINSENGEMÜSE

Infoblock

- Arbeitszeit: ca. 30 Minuten
- Quellzeit: ca. 12 Stunden
- Garzeit: ca. 55 Minuten
- 4 Portionen
- ca. 890 kcal je Portion

Zutaten

80 g braune Linsen
80 g grüne Linsen
100 g rote Linsen
½ Bund Dill
1 mittelgroße Karotte
100 g Knollensellerie
2 Schalotten
2 EL Olivenöl
2 TL Tomatenmark
400 ml Fischfond
300 g Crème double
1 EL Pernod
½ TL Meersalz
weißer Pfeffer aus der Mühle
8 Barschfilets à ca. 70 g
2 EL Mehl
4 EL Sonnenblumenöl
1 EL Butter

GETRÄNKETIP

Dazu schmeckt ein trockener Gutedel aus Baden.

1 Die einzelnen Linsensorten getrennt voneinander in Wasser 12 Stunden quellen lassen.

2 Den Dill waschen und trockentupfen. Einige Sträußchen beiseite legen, den restlichen Dill fein schneiden. Die Karotte und den Sellerie schälen und in feine Würfel schneiden.

3 Die Schalotten schälen, fein hacken und im Olivenöl andünsten. Das Tomatenmark dazugeben, die braunen Linsen und den Fischfond hinzufügen und alles etwa 15 Minuten kochen.

4 Nun die grünen Linsen dazugeben, das Ganze weitere 15 Minuten kochen und danach die roten Linsen sowie die Karotten- und Selleriewürfel etwa 10 Minuten mitkochen lassen. Die Crème double unter das Linsengemüse rühren und es nochmals 3 Minuten kochen lassen. Das Gemüse mit Pernod und dem Dill verfeinern und mit Salz und Pfeffer abschmecken.

5 Die Barschfilets abspülen, trockentupfen, mit Zitronensaft, Meersalz und Pfeffer würzen und mit Mehl bestäuben. Das Sonnenblumenöl in einer Pfanne erhitzen, die Butter dazugeben und die Filets in dieser Mischung 5 Minuten auf beiden Seiten braten.

6 Das Linsengemüse auf den Tellern verteilen. Dann die Filets darauf anrichten und alles mit den beiseite gelegten Dillsträußchen garnieren.

BEILAGENTIPS

- **Dazu passen sehr gut kleine, in Butter gebratene Kartoffelwürfel.**
- **Raffiniert dazu ist das Pilzrisotto (Seite 114).**

REZEPTVARIATION

Wer Linsen nicht mag, aber Barsch über alles liebt, kann die Barschfilets auch mit einer Schnittlauchsauce genießen. Dazu 2 feingewürfelte Schalotten in Butter andünsten, 300 ml Weißwein dazugeben und zur Hälfte einkochen. 200 ml Fischfond hinzufügen und den Fond wieder auf die Hälfte einkochen. 2 Teelöffel Weizenstärke mit etwas Weißwein verrühren und dann in den Fond rühren. Die Sauce aufkochen lassen, vom Feuer nehmen und zusammen mit 50 g kalter Butter aufmixen. 2 Eßlöffel feingeschnittenen Schnittlauch dazugeben und die Sauce zu den gebratenen Filets servieren.

PRAKTISCHER TIP

Ob Sie für dieses Rezept den beliebten und preiswerteren Rotbarsch oder den edlen Wolfsbarsch (Loup de mer) verwenden, bleibt Ihrem Geschmack überlassen.

Saiblingfilets mit Trauben in Rieslingsauce

Infoblock

- Arbeitszeit: ca. 40 Minuten
- Garzeit: ca. 15 Minuten
- 4 Portionen
- ca. 550 kcal je Portion

Zutaten

300 g Zuckerschoten
½ TL Meersalz
2 Tomaten
300 g weiße Traubenbeeren
4 Saiblingfilets à ca. 140 g (ersatzweise Lachsforellenfilets)
2 EL Butter
1 Schalotte
¼ l trockener Riesling
¼ l Fischfond
300 g Crème double
weißer Pfeffer aus der Mühle
1 Prise Cayennepfeffer

Getränketip

Zu den Saiblingen empfiehlt sich ein trockener Riesling aus dem Rheingau.

1 Die Zuckerschoten putzen, waschen und in leicht gesalzenem Wasser etwa 2 Minuten blanchieren.

2 Die Tomaten in kochendem Wasser kurz blanchieren, kalt abschrecken und enthäuten. Die Tomaten anschließend halbieren, vom Stielansatz befreien, entkernen und achteln. Die Trauben waschen, enthäuten, halbieren und entkernen.

3 Die Saiblingfilets auf die Hautseite legen, die eventuell noch vorhandenen Gräten mit einer Pinzette entfernen und die Haut mit einem Messer vom Filet lösen. Die Filets abspülen und trockentupfen.

4 Eine ofenfeste Form mit etwas Butter ausstreichen, die Filets hineinlegen und mit Meersalz und Pfeffer würzen. Die Trauben dazugeben. Die Form mit Alufolie abdecken. Den Backofen auf 180 °C vorheizen.

5 Die Schalotte schälen, in feine Würfel schneiden und in etwa 1 Eßlöffel Butter andünsten. Die Schalotte mit dem Weißwein ablöschen, ihn zur Hälfte einkochen und den Fischfond dazugeben. Etwas von diesem Rieslingfond über die Filets geben und sie im Ofen etwa 5 Minuten abgedeckt garen.

6 Danach den Fond wieder zurück zum restlichen Rieslingfond in den Topf geben. Die Filets zusammen mit den Trauben abgedeckt warmstellen und den Fond nochmals zur Hälfte einkochen. Die Crème double dazugeben, alles etwa 3 Minuten kochen lassen und die Sauce mit Meersalz und Cayennepfeffer abschmecken.

7 Die Zuckerschoten in etwas Butter erwärmen, die Tomaten dazugeben, alles mit Meersalz und Pfeffer würzen und auf den Tellern anrichten. Die Filets mit den Trauben darüberlegen und die Sauce angießen.

Beilagentip

Dazu passen gekochte, kleine Petersilienkartoffeln, in Butter geschwenkt.

Rezeptvariation

Der Saibling läßt sich sehr gut auch im Ganzen zubereiten. Die ausgenommenen, geschuppten Fische mit Meersalz, Zitronensaft und Pfeffer würzen, dann in Mehl wenden. Sie in 5 Eßlöffeln Erdnußöl und 1 Eßlöffel Butter auf beiden Seiten etwa 10 Minuten braten. Dazu passen Walnüsse, in Butter gebräunt und mit Zitronensaft, Meersalz, Pfeffer und Petersilie gewürzt.

PRAKTISCHER TIP

Der Saibling ist ein feiner Speisefisch, der sehr sauberes Wasser benötigt und daher leider selten geworden ist. Man kann ihn aber auch als Zuchtfisch bekommen.

SCHUPPENKARPFEN MIT FENCHELGEMÜSE UND MANDELBUTTER

Infoblock

- Arbeitszeit: ca. 30 Minuten
- Garzeit: ca. 20 Minuten
- 4 Portionen
- ca. 590 kcal je Portion

Zutaten

50 g Rosinen
2 Schuppenkarpfen à ca. 600 g, ausgenommen
1 Zitrone
½ TL Meersalz
weißer Pfeffer aus der Mühle
2 EL Mehl
40 g Mandelblättchen
3 Tomaten
1 Bund Petersilie
5 EL Sonnenblumenöl
40 g Butter
2 Knollen Gemüsefenchel

GETRÄNKETIP

Am besten trinkt man einen schwarzen Tee mit Zitrone dazu, der auch mit einem Schuß Wodka aromatisiert werden kann.

1 Die Rosinen in lauwarmem Wasser einweichen. Den Backofen auf 180 °C vorheizen.

2 Die Schuppenkarpfen waschen, hinter den Kiemen einschneiden und der Mittelgräte entlang das Filet herausschneiden. Die Filets mit der Hautseite auf das Schneidebrett legen und die Haut mit dem Messer abtrennen. Sie anschließend abspülen und trockentupfen.

3 Den Saft der Zitrone auspressen und die Hälfte über die Filets träufeln. Diese dann mit Meersalz und Pfeffer würzen und mit Mehl bestäuben. Die Mandeln auf einem Backblech im Ofen in etwa 5 Minuten hellbraun backen.

4 Die Tomaten in kochendem Wasser kurz blanchieren, kalt abschrecken und enthäuten. Die Tomaten halbieren, vom Stielansatz befreien, entkernen und in etwa 1 cm große Würfel schneiden. Die Petersilie waschen, trockentupfen, die Blättchen abzupfen und hacken.

5 Das Sonnenblumenöl in einer Pfanne erhitzen, knapp 1 Eßlöffel Butter dazugeben und die Filets darin auf beiden Seiten hellbraun anbraten. Die Pfanne in den Ofen stellen und die Filets weitere 8 Minuten braten.

6 Inzwischen den Fenchel putzen und waschen. Das Kraut abzupfen und fein hacken, die Knolle halbieren und in dünne Scheiben schneiden. Etwa 1 Eßlöffel Butter erhitzen und die Scheiben darin 4 Minuten andünsten.

7 Die Rosinen abtropfen lassen, zusammen mit dem Fenchelkraut und den Tomatenwürfeln unter den Fenchel mischen. Alles kurz erwärmen, mit Meersalz und Pfeffer würzen und auf einer Platte anrichten.

8 Die Filets auf das Gemüse legen, die restliche Butter in einer Pfanne erhitzen, bis sie hellbraun ist und die Mandeln darin kurz rösten. Sie mit Petersilie, Meersalz, Pfeffer und Zitronensaft verfeinern und über die Filets geben.

BEILAGENTIP

Dazu passen gebratene, kleine Kartoffeln mit einem Klecks Sauerrahm.

PRAKTISCHER TIP

Anstelle des Schuppenkarpfens können Sie natürlich auch den Spiegelkarpfen verwenden. Der Geschmack seines Fleisches unterscheidet sich kaum von dem des Schuppenkarpfens.

REZEPTVARIATION

Die Karpfenfilets können auch mit einer Ratatouillesauce serviert werden. Dazu 1 Zucchino, je 1 rote und 1 gelbe Paprikaschote sowie 1 kleine Aubergine waschen, putzen und die Hälfte des Gemüses in etwa 1 cm große Würfel schneiden. Die andere Hälfte nur grob zerschneiden und zusammen mit 1 Eßlöffel Tomatenmark und ½ fein gehackten Zwiebel in Olivenöl andünsten. 200 ml Fischfond dazugeben, alles 3 Minuten kochen lassen und danach 200 g süße Sahne daruntergeben. Die Sauce fein mixen, durch ein Sieb streichen und mit Meersalz und Pfeffer würzen. Die Gemüsewürfel in 2 Eßlöffeln Olivenöl etwa 3 Minuten andünsten, dann in die Sauce geben.

HECHTKLÖSSCHEN MIT FELDSALATSAUCE

Infoblock

- Arbeitszeit: ca. 1½ Stunden
- Kühlzeit: ca. 15 Minuten
- Garzeit: ca. 15 Minuten
- 4 Portionen
- ca. 570 kcal je Portion

Zutaten

400 g Hechtfilet ohne Haut
200 g Feldsalat
1 Karotte, ca. 150 g
150 g Stangensellerie
1 mittelgroße Stange Lauch, ca. 150 g
2 TL Meersalz
1 kleine Zwiebel
100 ml Weißwein
weißer Pfeffer aus der Mühle
300 g süße Sahne
2 EL Noilly Prat (trockener französischer Vermouth)
1 Schalotte
20 g Butter
200 g Crème double
1 Prise Cayennepfeffer

GETRÄNKETIP

Zu den Hechtklößchen trinkt man am besten einen trockenen Riesling aus dem Elsaß.

1 Das Hechtfilet in grobe Würfel schneiden und für etwa 15 Minuten in das Tiefkühlgerät stellen.

2 Den Feldsalat putzen, waschen und trockenschleudern. 20 Salatblätter zum Garnieren beiseite stellen. Die Karotte, den Sellerie und den Lauch putzen und waschen. Das Gemüse in 3 cm lange Streifen schneiden und in leicht gesalzenem Wasser blanchieren. Es danach abtropfen lassen und beiseite stellen.

3 Die Zwiebel schälen, mit dem Weißwein, 2 l Wasser und etwas Salz in einen Topf geben und den Fond aufkochen.

4 Das Hechtfleisch mit Salz und Pfeffer würzen, in einem Mixer fein pürieren, nach und nach die Sahne daruntermixen und die Masse mit dem Noilly Prat verfeinern.

5 Die Klößchenmasse durch ein feines Sieb streichen, davon mit Eßlöffeln Nocken abstechen und diese im leicht köchelnden Fond 5 Minuten garziehen lassen.

6 Die Schalotte schälen, fein hacken und in der Hälfte der Butter in einem Topf anschwitzen. 300 ml des Hechtfonds dazugeben und ihn zu einem Drittel einkochen lassen.

7 Nun den Feldsalat und die Crème double zum Fond geben, alles 3 Minuten einkochen lassen und danach fein pürieren. Die Sauce mit Meersalz und Cayennepfeffer würzen und durch ein Sieb passieren.

8 Die Gemüsestreifen in der restlichen Butter andünsten, leicht mit Meersalz und Pfeffer würzen und in der Mitte der Teller anrichten. Die Hechtklößchen abgetropft darauf legen und mit der Sauce zur Hälfte bedecken. Alles mit den Feldsalatblättern garnieren.

BEILAGENTIP

Zu den feinen Klößchen passen am besten gekochte, kleine Kartoffeln, die in Butter geschwenkt werden.

REZEPTVARIATION

Aus der Hechtfarce können Sie auch eine Timbale herstellen. Dafür mixen Sie 400 g süße Sahne unter das Hechtpüree und füllen die Farce in kleine, gebutterte Souffléförmchen. Die Timbalen werden im vorgeheizten Backofen bei 160 °C in einem Wasserbad etwa 20 Minuten gegart, dann gestürzt und mit der Sauce übergossen.

ZANDERFILETS MIT SESAMKRUSTE

Infoblock

- Arbeitszeit: ca. 40 Minuten
- Garzeit: ca. 25 Minuten
- 4 Portionen
- ca. 660 kcal je Portion

Zutaten

2 rote Paprikaschoten
2 Zanderfilets à ca. 350 g
½ TL Meersalz
weißer Pfeffer aus der Mühle
Saft von ½ Zitrone
1 Bund Koriander
2 Schalotten
30 g Butter
100 ml Weißwein
200 ml Fischfond
200 g Crème double
1 Prise Cayennepfeffer
1 EL Mehl
1 Ei
50 g Sesamsamen
4 EL Erdnußöl
½ TL Sesamöl

GETRÄNKETIP

Zum Zander schmeckt ein kühler, trockener Chardonnay aus Südtirol sehr gut.

1 Den Backofen auf 250 °C vorheizen. Die Paprikaschoten waschen, halbieren und das Kerngehäuse herausschneiden. Die Schoten für etwa 10 Minuten in den Backofen legen. Anschließend die Haut abziehen. Die Schoten in etwa 4 cm lange, dünne Streifen schneiden. Die Backofentemperatur auf 180 °C reduzieren.

2 Die Filets mit der Hautseite nach unten auf ein Schneidebrett legen und die Haut mit einem Messer abschneiden. Die Filets abspülen, trockentupfen, längs halbieren und sie mit Meersalz, Pfeffer und Zitronensaft würzen.

3 Den Koriander waschen, trockentupfen und die Blättchen abzupfen. Einige für die Garnitur beiseite legen, die restlichen fein hacken. Die Schalotten schälen, fein hacken und in der Hälfte der Butter andünsten.

4 Den Weißwein zu den Schalotten geben, zur Hälfte einkochen lassen und den Fischfond dazugeben. Alles nochmals zur Hälfte einkochen lassen und dann die Crème double dazugeben. Die Sauce etwa 3 Minuten kochen lassen, mit Meersalz und Cayennepfeffer würzen und den gehackten Koriander dazugeben.

5 Die Zanderfilets auf einer Seite mit Mehl bestäuben, die andere mit verquirltem Ei bestreichen und die Sesamkörner fest andrücken.

6 Das Erdnußöl in einer Pfanne erhitzen, die Filets auf der Sesamseite hellbraun anbraten und dann wenden. Nun das Sesamöl dazugeben und den Fisch etwa 5 Minuten im Ofen garen. Die Paprikastreifen in der restlichen Butter erhitzen und sie mit Meersalz und Pfeffer würzen.

7 Die Sauce auf die Teller geben, die Filets darauf legen. Die Paprikaschoten darum herum legen und alles mit Korianderblättern garnieren.

BEILAGENTIP

Mit dem Koriandergeschmack der Sauce harmoniert Basmatireis, der nach dem Garen mit 50 g in feine Streifen geschnittenem, eingelegtem Ingwer verfeinert wird.

REZEPTVARIATION

Zander kann auch im Ganzen gebraten werden. Dafür einen 1,4 kg schweren, küchenfertigen Zander schuppen, mit einem Thymiansträußchen füllen und mit Zitronensaft, Meersalz und Pfeffer würzen. Dann den Fisch in Mehl wenden und in 6 Eßlöffeln Olivenöl etwa 2 Minuten anbraten. Den Zander im vorgeheizten Backofen bei 180 °C etwa 25 Minuten garen. Inzwischen 2 gehackte Schalotten und 2 Eßlöffel frische Thymianblätter in 1 Eßlöffel Butter anschwitzen, 100 ml Weißwein dazugeben und zur Hälfte einkochen lassen. Nun 200 ml Fischfond dazugeben, nochmals zur Hälfte einkochen lassen und dann die Sauce mit 300 g Crème double etwa 4 Minuten kochen lassen. Sie mit Meersalz und Pfeffer abschmecken, zum Zander servieren.

ÜBERBACKENE STEINBEISSERFILETS MIT KRÄUTERN

Infoblock

- **Arbeitszeit: ca. 45 Minuten**
- **Garzeit: ca. 20 Minuten**
- **4 Portionen**
- **ca. 530 kcal je Portion**

Zutaten

4 Tomaten
je ½ Bund Estragon, Kerbel, Petersilie, Dill
2 Schalotten
700 g Steinbeißerfilet (gestreifter Seewolf)
110 g Butter
½ TL Meersalz
weißer Pfeffer aus der Mühle
200 ml Weißwein
200 ml Fischfond
10 Pfefferkörner
1 Lorbeerblatt
2 Eigelb
80 g geschlagene süße Sahne

GETRÄNKETIP

Zum überbackenen Steinbeißerfilet schmeckt ein trockener Chardonnay aus Italien.

1 Die Tomaten in kochendem Wasser kurz blanchieren, danach mit kaltem Wasser abschrecken und enthäuten. Die Tomaten vierteln, vom Stielansatz befreien und entkernen. Den Ofen auf 180 °C vorheizen.

2 Die Kräuter waschen, trockentupfen und die Blättchen von den Stielen zupfen. Einige für die Garnitur beiseite legen, die restlichen fein hacken. Die Schalotten schälen und fein schneiden.

3 Die Steinbeißerfilets in 4 Portionen teilen, eine ofenfeste Form buttern, die Hälfte der Schalotten dazugeben und alles mit Meersalz und Pfeffer würzen. Die Hälfte des Weißweins und des Fischfonds darübergeben und die Filets abgedeckt im Ofen etwa 12 Minuten dünsten.

4 Etwa 100 g Butter erhitzen, bis sie klar ist, dann durch ein Sieb passieren. Die Pfefferkörner zerdrücken, zusammen mit den restlichen Schalotten, dem restlichen Weißwein, dem restlichen Fischfond und dem Lorbeerblatt in einen Topf geben. Den Weinfond zur Hälfte einkochen, anschließend durch ein Sieb in eine Schüssel passieren.

5 Die Eigelbe zum reduzierten Fond geben und die Masse in einem heißen Wasserbad so lange schaumig schlagen, bis sie bindet. Sie danach aus dem Wasserbad nehmen und unter ständigem Rühren löffelweise die geklärte Butter daruntergeben. Den Fond der Filets abnehmen und fast ganz einkochen, zusammen mit den Kräutern zu der Sauce geben. Diese mit Meersalz und Pfeffer abschmecken. Die Sahne unter die Sauce heben.

6 Die Filets auf Tellern anrichten und mit der Sauce überziehen. Sie bei starker Oberhitze unter dem Grill überbacken und danach mit den Tomaten und den Kräutern garnieren.

BEILAGENTIP

Dazu schmecken feine Gemüsenudeln. Gekochte schmale Nudeln werden zusammen mit dünnen Gemüsestreifen (z. B. Zucchini, Möhren, Lauch, Sellerie) in zerlassener Butter geschwenkt.

REZEPTVARIATION

Sie können diesen Fisch auch zusammen mit Kräutern braten. Dazu die Fischfilets in 8 Stücke schneiden und mit Meersalz, Zitronensaft und Pfeffer würzen. Sie danach mit Mehl bestäuben und in 5 Eßlöffeln Sonnenblumenöl und 1 Eßlöffel Butter auf beiden Seiten in etwa 5 Minuten braten. Nun 50 g Butter in der Pfanne erhitzen, 1 Eßlöffel gehackte Schalotten und 2 Eßlöffel gehackte Kräuter dazugeben und alles mit etwas Zitronensaft, Meersalz und Pfeffer abschmecken. Die Butter über die Filets geben und servieren.

SCHWARZER HEILBUTT MIT KRABBENSAUCE

Infoblock

- Arbeitszeit: ca. 40 Minuten
- Garzeit: ca. 20 Minuten
- 4 Portionen
- ca. 580 kcal je Portion

Zutaten

800 g Mangold
½ TL Meersalz
etwas Butter für die Form
750 g Filet vom schwarzen Heilbutt
weißer Pfeffer aus der Mühle
2 Schalotten
2 EL Butter
100 ml Weißwein
300 ml Fischfond
200 g Crème double
20 g kalte Krabbenbutter, ersatzweise Krebsbutter
1 Prise Cayennepfeffer
150 g geschälte Krabben
1 EL Cognac
12 Kerbelblätter

GETRÄNKETIP

Dazu trinkt man einen trockenen Müller-Thurgau aus Baden.

1 Den Mangold putzen, waschen und trockentupfen. Die Stiele in etwa 4 cm lange, dünne Stifte schneiden, die Blätter in eiergroße Stücke zupfen. Die Stifte etwa 1 Minute, die Blätter nur wenige Sekunden in Salzwasser blanchieren, dann kalt abschrecken. Den Ofen auf 180 °C vorheizen.

2 Eine ofenfeste Form mit Butter ausstreichen. Das Heilbuttfilet häuten, in 4 Portionen teilen, in die Form legen und mit Salz und Pfeffer würzen.

3 Die Schalotten schälen und fein hacken. Die Hälfte der Schalotten in 1 Eßlöffel Butter andünsten, sie mit Weißwein ablöschen und ihn zur Hälfte einkochen. Den Fischfond dazugeben. 100 ml des Fonds über den Fisch geben und die Filets im Ofen abgedeckt etwa 10 Minuten garen.

4 In der Zwischenzeit den restlichen Fond zu einem Drittel einkochen, die Crème double dazugeben und nochmals alles 2 Minuten kochen lassen. Die Krabbenbutter kleinschneiden, in die Sauce mixen und diese mit Cayennepfeffer und Meersalz würzen. Die Krabben abspülen, abtropfen lassen, trockentupfen und in der Sauce erwärmen. Zum Schluß die Sauce mit dem Cognac verfeinern.

5 Die Filets aus der Backform nehmen, warmstellen, den Fond zur Sauce geben und sie durch ein Sieb passieren. Die restlichen Schalotten in der restlichen Butter andünsten, die Mangoldstifte und -blätter dazugeben, mit Meersalz und Pfeffer würzen und etwa 3 Minuten dünsten. Den Kerbel waschen, trockentupfen und die Blätter von den Stielen zupfen.

6 Den Mangold auf den Tellern anrichten, die Filets danebenlegen, die Sauce darum herum verteilen und alles mit den Kerbelblättern garnieren.

BEILAGENTIPS

- **Greifen Sie das Kerbelaroma des Gemüses nochmals in der Beilage auf und servieren Sie gekochten Reis mit feingehacktem, gedünstetem Kerbel.**
- **Gut schmecken dazu auch die gefüllten Kartoffeln** **(Seite 119).**

REZEPTVARIATION

Auch eine Traubensauce paßt gut zum Heilbutt. Dazu 1 Eßlöffel fein gehackte Schalotten in 1 Eßlöffel Butter andünsten und mit 200 ml Weißwein ablöschen. Den Weißwein zu einem Drittel einkochen, 200 ml Fischfond dazugeben und alles wieder zur Hälfte einkochen. Danach 200 g Crème double dazugeben und die Sauce etwa 3 Minuten kochen lassen. 200 g Traubenbeeren schälen, halbieren und entkernen. Die Trauben in 1 Eßlöffel Butter erwärmen, abtropfen lassen und zusammen mit der Sauce über die Filets geben.

WOLFSBARSCH MIT FENCHEL UND NOILLY-PRAT-SAUCE

Infoblock

- Arbeitszeit: ca. 60 Minuten
- Garzeit: ca. 40 Minuten
- 4 Portionen
- ca. 800 kcal je Portion

Zutaten

4 Gemüsefenchel
1 küchenfertiger Wolfsbarsch à ca. 1,4 kg
½ TL Meersalz
weißer Pfeffer aus der Mühle
Saft von ½ Zitrone
2 getrocknete Fenchelstangen
1 EL Mehl
6 EL Sonnenblumenöl
2 Eßlöffel Butter
2 Schalotten
80 ml Noilly Prat (trockener französischer Vermouth)
300 ml Fischfond
250 g Crème double
1 Prise Cayennepfeffer

GETRÄNKETIP

Zum Wolfsbarsch mit Fenchel paßt sehr gut ein trockener Chablis.

1 Den Fenchel putzen, waschen und trockentupfen. Das Grün fein hacken und beiseite legen. Die Knollen halbieren, den Strunk entfernen und die Knollen in feine Scheiben schneiden.

2 Den Backofen auf 180 °C vorheizen. Den Wolfsbarsch schuppen und auswaschen. Die Flossen abschneiden und den Fisch mit Meersalz, Pfeffer und Zitronensaft marinieren.

3 Den Fisch dann trockentupfen, mit den Fenchelstangen füllen und mit Mehl bestäuben. Das Sonnenblumenöl in einer ofenfesten Pfanne erhitzen, 1 Eßlöffel Butter dazugeben und den Wolfsbarsch darin auf beiden Seiten in etwa 2 Minuten hellbraun anbraten. Die Fenchelscheiben zum Fisch in die Pfanne geben und alles 25 Minuten im Backofen garen.

4 In der Zwischenzeit die Schalotten schälen und fein hacken. 1 Eßlöffel Butter erhitzen und die Schalotten darin andünsten. Sie mit Noilly Prat ablöschen, den Fischfond dazugeben und alles zu einem Viertel einkochen. Die Crème double darunterrühren. Die Sauce nochmals 3 Minuten kochen lassen, mit Meersalz und Cayennepfeffer würzen und ganz zum Schluß das Fenchelgrün darunter ziehen.

5 Den Wolfsbarsch aus der Pfanne nehmen und die Filets in 4 Portionen teilen. Den Fenchel mit Meersalz und Pfeffer würzen. Die Fischfilets zusammen mit dem Fenchel und der Sauce servieren.

BEILAGENTIPS

- **Dazu passen in der Schale gekochte kleine Kartoffeln, die in Butter angebraten werden.**
- **Eine außergewöhnliche Beilage zu diesem feinen Gericht sind die schwarzen Nudeln (Seite 115).**

REZEPTVARIATION

Wer keinen Fenchel mag, kann den Wolfsbarsch auch mit Kräuter-Tomaten-Butter servieren. Dazu 3 Tomaten schälen, entkernen und in etwa 1 cm große Würfel schneiden. Kräuter, zum Beispiel Thymian, Rosmarin, Estragon, Kerbel und Dill, fein hacken. Kräuter und Tomatenwürfel zusammen mit 1 Eßlöffel feingehackten Schalotten in 50 g Butter andünsten. Die Butter mit dem Saft einer Zitrone mischen, mit Meersalz und Pfeffer würzen und über den gebratenen Wolfsbarsch geben.

PRAKTISCHE TIPS

◆ Der Wolfsbarsch ist ein hervorragender Speisefisch. Fische, die aus dem Mittelmeer stammen, werden Loup de mer genannt.

◆ Getrocknete Fenchelstangen bekommen Sie in Gewürzfachhandlungen oder im Feinkostladen.

◆ Ersatzweise können die Fische auch mit Fenchelgrün gefüllt werden, das aber nicht so intensiv schmeckt.

Wels mit Karotten-Ingwer-Sauce

Infoblock

- Arbeitszeit: ca. 1 Stunde
- Garzeit: ca. 25 Minuten
- 4 Portionen
- ca. 690 kcal je Portion

Zutaten

1 Wels, ca. 1,5 kg (vom Fischhändler ausnehmen lassen)
2 EL Butter
½ TL Meersalz
weißer Pfeffer aus der Mühle
3 Karotten
2 Schalotten
1 Knoblauchzehe
50 g Ingwer
200 ml Weißwein
300 ml Fischfond
200 g Crème double
½ Bund Koriander

1 Den Backofen auf 180 °C vorheizen. Den Wels auswaschen und trockentupfen. Den Kopf und den Schwanz abschneiden und den Körper in etwa 2 cm dicke Scheiben schneiden. Eine ofenfeste Form mit etwas Butter ausstreichen. Die Scheiben hineinlegen, leicht salzen und pfeffern.

2 Die Karotten schälen, die Hälfte davon in dickere Scheiben und den Rest in etwa 3 cm lange und 2 mm dünne Streifen schneiden. Die Schalotten, den Knoblauch und den Ingwer schälen und fein hacken.

3 Die Schalotten und den Knoblauch in einem Topf in 1 Eßlöffel Butter andünsten. Den Ingwer und die Karottenscheiben dazugeben und alles mit dem Weißwein ablöschen. Nun den Fischfond dazugeben und aufkochen. Vom Fond etwas abnehmen und über den Wels geben. Die Form mit Alufolie abdecken und den Fisch im Ofen etwa 10 Minuten garen. Ihn anschließend abgedeckt warm halten.

4 In der Zwischenzeit den restlichen Fond etwa 10 Minuten kochen lassen, die Karotten sollten weich sein. Nun die Crème double dazugeben, alles nochmals 3 Minuten kochen lassen und dann in einem Mixer fein pürieren. Die Sauce durch ein Sieb passieren und mit Meersalz und Pfeffer abschmecken.

5 Den Koriander waschen, trockentupfen, für die Garnitur ein paar Blätter beiseite legen und den Rest fein hacken. Die Karottenstreifen in der restlichen Butter andünsten, den gehackten Koriander dazugeben und die Karotten mit Meersalz und Pfeffer abschmecken.

6 Die Welsscheiben auf die Teller legen, die Karottenstreifen darübergeben und die Sauce darum herum verteilen. Alles mit den restlichen Korianderblättern garnieren.

REZEPTVARIATION

Zum pochierten Wels schmeckt auch eine Sauce Maltaise. Dazu 150 ml Weißwein zusammen mit 1 Eßlöffel gehackten Schalotten, 10 zerdrückten Pfefferkörnern und 1 Lorbeerblatt zur Hälfte einkochen lassen. 3 unbehandelte Orangen heiß abwaschen, die Schale in feinen Zesten abreißen und in leicht gezuckertem Wasser blanchieren. Die Orangen auspressen und den Saft dick einkochen lassen. 2 Eigelbe zusammen mit dem Weinfond in einem Wasserbad schaumig aufschlagen. 150 g Butter erhitzen, die Molke abschöpfen und die geklärte Butter unter die Eimasse rühren. Orangensaft und Zesten in die Sauce rühren.

BEILAGENTIP

Am besten schmeckt dazu gekochter Basmatireis.

GETRÄNKETIP

Dazu trinkt man einen gut gekühlten kalifornischen Chardonnay.

PETERSFISCH MIT THYMIAN UND SAUCE VON ROTEN ZWIEBELN

Infoblock

- Arbeitszeit: ca. 50 Minuten
- Garzeit: ca. 15 Minuten
- 4 Portionen
- ca. 480 kcal je Portion

Zutaten

4 Filets vom Sankt Petersfisch à ca. 160 g
Saft von 1 Zitrone
1 TL Worcestersauce
½ TL Meersalz
weißer Pfeffer aus der Mühle
1 Bund frischer Thymian
2 kleine rote Zwiebeln
2 EL Butter
400 ml Burgunder Rotwein
200 ml Fischfond
1 TL Weizenstärke
40 g kalte Butter
1 EL Mehl
6 EL Sonnenblumenöl

GETRÄNKETIP

Am besten trinkt man dazu den Wein, der auch die Grundlage der Sauce ist: einen kräftigen Rotwein aus dem Burgund.

1 Die Fischfilets mit Zitronensaft, Worcestersauce, Meersalz und Pfeffer würzen. Den Thymian waschen, trockentupfen, etwas für die Garnitur beiseite legen und die restlichen Blättchen abzupfen.

2 Die Zwiebeln schälen, achteln und in 1 Eßlöffel Butter andünsten. ¼ l Rotwein dazugeben und zur Hälfte einkochen. Die Zwiebeln danach herausnehmen.

3 Dann den Fischfond und den Thymian zum Wein geben und alles nochmals zur Hälfte einkochen. Die Stärke mit dem restlichen Rotwein mischen und unter den Fond rühren.

4 Den Fond kräftig aufkochen lassen, vom Feuer nehmen und 40 g kalte, in Würfel geschnittene Butter darunterrühren. Die Zwiebeln wieder in die Sauce geben und sie mit Meersalz und Pfeffer würzen.

5 Die Filets trockentupfen und mit Mehl bestäuben. Das Sonnenblumenöl in einer Pfanne erhitzen, 1 Eßlöffel Butter dazugeben und die Filets darin auf beiden Seiten etwa 5 Minuten braten. Die Zwiebelsauce auf die Teller geben, die Filets darauf legen und mit den Thymiansträußchen garnieren.

BEILAGENTIP

Dazu schmeckt das Zucchinigratin (Seite 117) sehr gut.

REZEPTVARIATION

Petersfischfilets können Sie auch mit Safransauce reichen. Dazu 1 Eßlöffel gehackte Schalotten und den Fisch in eine gebutterte Backform geben, mit Meersalz und Pfeffer würzen und mit 50 ml Weißwein und 50 ml Fischfond im vorgeheizten Ofen bei 180 °C etwa 12 Minuten abgedeckt garen. Für die Sauce 100 ml Weißwein zur Hälfte einkochen, 200 ml Fischfond und etwas gemahlenen Safran dazugeben und die Sauce wieder zu einem Drittel einkochen. Den Fond des Fisches und 250 g Crème double daruntergeben und alles 3 Minuten kochen lassen. Die Sauce mit Meersalz und Pfeffer abschmecken und auf die Teller geben. Das Filet in die Mitte legen und mit einem Dillsträußchen garnieren.

ROCHENFLÜGEL MIT LIMETTENSAUCE AUF MANGOLD

Infoblock

- **Arbeitszeit: ca. 50 Minuten**
- **Garzeit: ca. 25 Minuten**
- **4 Portionen**
- **ca. 540 kcal je Portion**

Zutaten

¼ Bund Blattpetersilie
800 g Mangold
½ TL Meersalz
3 Limetten
1,2 kg Rochenflügel
1 mittelgroße Karotte
1 kleine Zwiebel
1 Lorbeerblatt
1 Nelke
200 ml Weißwein
2 Schalotten
2 Eßlöffel Butter
300 ml Fischfond
250 g Crème double
1 Prise Cayennepfeffer
weißer Pfeffer aus der Mühle

GETRÄNKETIP

Zum Rochenflügel in Limettensauce schmeckt sehr gut ein kräftiger Chardonnay aus Kalifornien.

1 Die Blattpetersilie waschen, trockentupfen und die Blättchen von den Stielen zupfen. Den Mangold putzen und waschen, die Stiele von den Blättern trennen. Die Stiele erst in etwa 3 cm lange Stücke, dann in dünne Stifte schneiden und die Blätter in etwa 3 cm große Stücke teilen. Stifte und Blattstücke nacheinander in kochendem und leicht gesalzenem Wasser blanchieren.

2 Die Limetten waschen, die Schale mit einem Juliennereißer abziehen und blanchieren. Den Rochenflügel quer in 8 Stücke schneiden, die Flossen abschneiden und die Stücke waschen.

3 Die Karotte schälen und in etwa 3 mm dicke Scheiben schneiden. Die Zwiebel schälen, einschneiden und das Lorbeerblatt mit der Nelke darauf feststecken. Die Zwiebel und die Karottenscheiben zusammen mit 100 ml Weißwein und 2 l Wasser aufkochen und die Rochenstücke darin etwa 8 Minuten garen.

4 In der Zwischenzeit die Schalotten schälen, fein hacken und die Hälfte in 1 Eßlöffel Butter andünsten. Den Saft der Limetten auspressen und zusammen mit dem restlichen Weißwein zu den Schalotten geben. Die Flüssigkeit zur Hälfte einkochen lassen, den Fischfond dazugeben und alles nochmals zu einem Drittel einkochen. Die Crème double und die Limettenschalenstreifen dazugeben und die Sauce etwa 3 Minuten kochen lassen. Sie mit Meersalz und Cayennepfeffer würzen.

5 Die restlichen fein gehackten Schalotten in der restlichen Butter andünsten. Die Mangoldstifte 1 Minute mitdünsten und dann die Blattstücke dazugeben. Das Gemüse mit Meersalz und Pfeffer würzen und etwa 3 Minuten abgedeckt erhitzen.

6 Den Mangold auf die Teller verteilen, die Rochenstücke trockentupfen, neben das Gemüse legen und die Karottenscheiben darauf legen. Die Sauce angießen und alles mit der Blattpetersilie garnieren.

BEILAGENTIP

Zu diesem Gericht schmeckt ein Pilawreis mit gerösteten Mandeln.

REZEPTVARIATION

Der Rochen hat einen ausgeprägten Geschmack. Wer das nicht mag, kann auch Glattbutt- oder Heilbuttfilets für das Rezept verwenden. Den Heilbutt aber nicht im Sud garziehen lassen, sondern zusammen mit 1 Eßlöffel gehackten Schalotten, 50 ml Fischfond und 50 ml Weißwein in eine Backform geben. Die Filets anschließend im vorgeheizten Ofen bei 180 °C etwa 10 Minuten garen.

PRAKTISCHE TIPS

- Von den Rochen werden meist nur die Flügel angeboten, nur kleine Exemplare werden als Ganzes verkauft. Rochenfleisch ist mager und hat einen leicht salmiakartigen Geschmack.
- Die Rochenstücke können mitsamt der Haut und dem Skelett gegart werden. Vor dem Verzehr läßt sich beides dann leicht entfernen, zumal der Rochen nur ein knorpeliges Skelett, aber keine Gräten hat.

Lachsfilets im Wirsingmantel

Infoblock

- Arbeitszeit: ca. 1 Stunde
- Garzeit: ca. 30 Minuten
- 4 Portionen
- ca. 930 kcal je Portion

Zutaten

3 Tomaten
4 große Wirsingblätter
2 TL Meersalz
900 g Lachsfilet ohne Haut, gut gekühlt
weißer Pfeffer aus der Mühle
150 g süße Sahne, gut gekühlt
2 cl Cognac
2 EL Butter
300 ml Fischfond
2 Schalotten
200 ml Weißwein
250 g Crème double
Dillsträußchen für Garnitur

Getränketip

Zum Lachs im Wirsingmantel paßt sehr gut ein trockener Weißburgunder aus Baden.

1 Die Tomaten in kochendem Wasser blanchieren, kalt abschrecken und enthäuten. Sie dann halbieren, vom Stielansatz befreien, entkernen und in Würfel schneiden. Die Wirsingblätter abspülen und in leicht gesalzenem Wasser kurz blanchieren.

2 Das graue Fleisch der Lachsfilets abschneiden. Das Filet in 4 Portionen von jeweils etwa 150 g schneiden. Den Rest kleinschneiden, mit Meersalz und Pfeffer würzen und in einem gekühlten Mixer pürieren. Die Sahne nach und nach daruntermixen und die Farce zum Schluß mit Cognac abschmecken. Den Ofen auf 180 °C vorheizen.

3 Die Wirsingblätter trockentupfen, zurechtschneiden und die dicke Mittelrippe flachschneiden. Die Wirsingreste aufbewahren. Die Innenseiten der Blätter mit der Lachsfarce bestreichen. Das Lachsfilet darauf legen und in die Blätter einschlagen. Eine ofenfeste Form mit etwas Butter ausstreichen. Die Wirsingpäckchen in die Form legen, mit 100 ml Fischfond begießen, abdecken und im Ofen etwa 15 Minuten garen.

4 Die Schalotten schälen, fein hacken und in der restlichen Butter andünsten. Die Wirsingreste und den Weißwein dazugeben, zur Hälfte einkochen lassen, den Fischfond und den Fond der Lachspäckchen dazugeben und alles nochmals zu einem Drittel einkochen.

5 Die Crème double zur Sauce geben, sie etwa 3 Minuten kochen lassen und dann durch ein Sieb passieren. Die Tomatenwürfel dazugeben. Die Sauce mit Meersalz und Pfeffer abschmecken und auf die Teller geben. Die Lachspäckchen schräg halbieren, auf die Sauce legen und mit den Dillsträußchen garnieren.

Beilagentips

Zu diesem Gericht schmecken hervorragend kleine Kartoffelkugeln, die in Erdnußöl gebraten und mit gerösteten Erdnüssen serviert werden.

Rezeptvariation

Das Lachsfilet kann man auch mit einer Dillkruste braten und zur Sauce servieren. Dazu 1 Bund Dill waschen, trockentupfen, die Sträußchen von den Stielen zupfen und grob hacken. Die Lachsfilets mit Meersalz und Pfeffer würzen, auf einer Seite mit dem Dill belegen und ihn andrücken. Den Lachs bei geringer Hitzezufuhr in 4 Eßlöffeln Sonnenblumenöl und 2 Eßlöffeln Butter etwa 1 Minute anbraten. Das Filet wenden und im vorgeheizten Ofen bei 180 °C etwa 10 Minuten braten.

Thunfisch mit Orangen-Campari-Sauce

Infoblock

- Arbeitszeit: ca. 45 Minuten
- Garzeit: ca. 15 Minuten
- 4 Portionen
- ca. 790 kcal je Portion

Zutaten

500 g Zucchini
3 Orangen
2 Schalotten
2 EL Butter
100 ml Weißwein
200 ml Fischfond
1 TL Weizenstärke
40 ml Campari
40 g kalte Butter
½ TL Meersalz
2 Prisen Cayennepfeffer
700 g Thunfischfilet
weißer Pfeffer aus der Mühle
Saft von 1 Zitrone
1 EL Mehl
6 EL Sonnenblumenöl
12 Basilikumblätter

Getränketip

Dazu schmeckt sehr gut ein leichter Chianti.

1 Die Zucchini putzen, waschen und mit einem Buntmesser (Messer mit besonderem Wellenschliff) in etwa 4 mm dicke Scheiben schneiden. Von 2 Orangen die Schale abschneiden, so daß die weiße Innenhaut mitentfernt wird. Dann die Filets zwischen den Trennhäuten herausschneiden, dabei den Saft auffangen. Den Saft aus den Trennwänden ausdrücken. Von der dritten Orange den Saft auspressen.

2 Die Schalotten schälen, fein hacken und in 1 Eßlöffel Butter andünsten. 50 ml Weißwein und den Fischfond dazugeben, den Fond zu einem Drittel einkochen. Danach den Orangensaft dazugeben und alles nochmals zur Hälfte einkochen. Nun die Weizenstärke mit dem restlichen Weißwein mischen und in die Sauce rühren. Sie aufkochen, vom Feuer nehmen, den Campari dazugeben und 40 g kalte Butter darunterrühren. Die Sauce mit Meersalz und Cayennepfeffer abschmecken.

3 Das Thunfischfilet häuten, abspülen, trockentupfen, in 4 Portionen schneiden und mit Meersalz, Pfeffer und Zitronensaft würzen. Das Filet danach trockentupfen und mit Mehl bestäuben. Das Sonnenblumenöl in einer Pfanne erhitzen, 1 Eßlöffel Butter dazugeben und die Filets darin auf beiden Seiten etwa 5 Minuten braten. Sie danach zusammen mit den Orangenfilets warm stellen.

4 Die Zucchinischeiben in 1 Eßlöffel Butter andünsten, mit Meersalz und Pfeffer würzen und am Rand der Teller anrichten. Die Sauce in die Mitte gießen, die Filetstücke darauf legen und mit den Orangenfilets und den Basilikumblättern garnieren.

Beilagentip

Zum Thunfisch mit der fruchtig-herben Sauce paßt ein Pilzrisotto (Seite 114).

Rezeptvariation

Wer keine Orangen und keinen Campari mag, kann auch Grapefruits nehmen. Dazu 2 Grapefruits schälen und die Filets herausschneiden. Dabei den Saft auffangen und den verbliebenen Saft aus den Trennwänden auspressen. Den Saft zusammen mit 200 ml Fischfond zu einem Drittel einkochen. Dann 200 g Crème double dazugeben, die Sauce nochmals 2 Minuten kochen lassen und mit Meersalz und Pfeffer würzen.

WEISSER HEILBUTT MIT ZITRONENGRASSAUCE

Infoblock

- Arbeitszeit: ca. 1 Stunde
- Garzeit: ca. 25 Minuten
- 4 Portionen
- ca. 490 kcal je Portion

Zutaten

je 1 rote, grüne und gelbe Paprikaschote
etwas Butter für die Form
800 g weißes Heilbuttfilet
½ TL Meersalz
weißer Pfeffer aus der Mühle
100 ml Weißwein
300 ml Fischfond
1 Schalotte
2 EL Butter
1 Stange Zitronengras
200 g Crème double
1 Prise Cayennepfeffer
1 Frühlingszwiebel
½ Bund Koriandergrün

GETRÄNKETIP

Zum leicht zitronigen Geschmack des Gerichts paßt ein Gewürztraminer aus dem Elsaß.

1 Den Backofen auf 250 °C vorheizen. Die Paprikaschoten waschen und etwa 10 Minuten im Ofen backen. Die Schoten enthäuten, halbieren und entkernen. Sie dann in etwa 2 cm große Rauten schneiden und beiseite stellen. Die Hitzezufuhr auf 180 °C reduzieren.

2 Die Heilbuttfilets waschen, trockentupfen, häuten und in 4 Portionen schneiden. Eine ofenfeste Form mit Butter ausstreichen. Den Fisch in eine gebutterte Backform legen. Mit Meersalz und Pfeffer würzen, dann 50 ml Weißwein und 50 ml Fischfond dazugeben. Den Fisch etwa 10 Minuten im Ofen garen.

3 Die Schalotte schälen, fein hacken und in 1 Eßlöffel Butter andünsten. Den restlichen Weißwein, das Zitronengras und den restlichen Fischfond dazugeben und alles zu einem Drittel einkochen.

4 Den Fisch aus der Backform nehmen, warm stellen und den Fond zur Sauce geben. Die Crème double darunterrühren, alles nochmals 3 Minuten kochen lassen, anschließend das Zitronengras entfernen. Die Sauce durch ein Sieb passieren und mit Meersalz und Cayennepfeffer würzen.

5 Die Frühlingszwiebel putzen, in feine Ringe schneiden und in 1 Eßlöffel Butter etwa 1 Minute dünsten. Den Paprika dazugeben, 3 Minuten dünsten und das Gemüse mit Meersalz und Pfeffer würzen.

6 Den Koriander waschen, trockentupfen und die Blättchen von den Stielen zupfen. Das Filet in die Mitte des Tellers legen und mit der Sauce übergießen. Den Paprika darumlegen und mit dem Koriander garnieren.

REZEPTVARIATION

Heilbuttfilet kann man auch zusammen mit Walnüssen braten. Dafür das gehäutete Filet mit Meersalz, Zitronensaft und Pfeffer würzen und mit Mehl bestäuben. Die Filets dann in 6 Eßlöffeln Sonnenblumenöl und 1 Eßlöffel Butter etwa 8 Minuten auf beiden Seiten braten. 80 g Walnußkerne grob zerhacken und in 40 g Butter leicht bräunen. Den Saft einer Zitrone dazugeben, die Nüsse mit Meersalz und Pfeffer würzen, über die Filets gießen und alles mit feingehackter Petersilie bestreuen.

SPIEGELKARPFEN MIT KÜRBIS-PFEFFER-SAUCE

Infoblock

- **Arbeitszeit: ca. 1¼ Stunden**
- **Garzeit: ca. 35 Minuten**
- **4 Portionen**
- **ca. 460 kcal je Portion**

Zutaten

400 g grüne Bohnen
½ TL Meersalz
1 TL getrocknetes Bohnenkraut
2 Spiegelkarpfen à ca. 600 g, ausgenommen
1 kleine Zwiebel
1 Lorbeerblatt
1 Nelke
100 ml Weißweinessig
10 zerstoßene Pfefferkörner
2 Fleischtomaten
1 Schalotte
500 g gelber Kürbis
2 EL Butter
¼ l Weißwein
400 ml Fischfond
100 g süße Sahne
4 TL eingelegter grüner Pfeffer
4 Sträußchen Estragonblätter

1 Die Bohnen waschen, putzen und in leicht gesalzenem Wasser zusammen mit dem Bohnenkraut etwa 3 Minuten kochen. Die Spiegelkarpfen schuppen und waschen. Die Zwiebel schälen, einschneiden und das Lorbeerblatt mit der Nelke darauf stecken.

2 Die Zwiebel zusammen mit etwa 3 l Wasser in einem flachen, großen Topf erhitzen, den Weißweinessig und die Pfefferkörner dazugeben und den Sud mit Meersalz würzen.

3 Die Tomaten in kochendem Wasser kurz blanchieren, kalt abschrecken und enthäuten. Sie dann halbieren, vom Stielansatz befreien, entkernen und in etwa 1 cm große Würfel schneiden. Die Schalotte schälen und fein hacken. Den Kürbis schälen und grob zerschneiden.

4 Die Hälfte der Butter in einem Topf erhitzen, die Schalotten darin andünsten und den Kürbis dazugeben. Alles mit dem Weißwein ablöschen und mit dem Fischfond auffüllen. Den Kürbis in etwa 10 Minuten weichkochen. Alles fein pürieren und durch ein Sieb streichen. Die Sahne dazugeben, die Sauce nochmals aufkochen, die Tomatenwürfel und den grünen Pfeffer hineingeben und die Sauce mit Meersalz würzen.

5 Den Karpfen etwa 15 Minuten im Zwiebel-Essig-Fond garziehen lassen, dann herausnehmen. Die Haut entfernen und die Filets abheben.

6 Die Bohnen in der restlichen Butter wärmen und mit Meersalz und Pfeffer würzen.

7 Die Kürbissauce auf die Teller verteilen, die Filets darauf legen und alles mit den Bohnen und dem Estragon garnieren.

BEILAGENTIP

Dazu passen sehr gut kleine Kartoffelkugeln, die kurz blanchiert, trockengetupft und dann in Butter gebraten werden. Die Kugeln löst man am besten mit einem Kugelausstecher aus den Kartoffeln heraus.

GETRÄNKETIP

Zum Karpfen paßt sehr gut ein halbtrockener Silvaner.

REZEPTVARIATION

Der Spiegelkarpfen kann auch gebraten und mit einer Haselnuß-Rosinen-Butter serviert werden. Dazu den küchenfertigen Karpfen mit Zitronensaft, Meersalz und Pfeffer würzen und mit Dillstengeln füllen. Den Fisch in Mehl wenden, in einer Mischung aus 6 Eßlöffeln Haselnußöl und 1 Eßlöffel Butter auf beiden Seiten anbraten, dann bei 180 °C im vorgeheizten Ofen etwa 12 Minuten backen. Den Fisch danach herausnehmen, 40 g Butter in die Pfanne geben und braun werden lassen. 50 g geröstete Haselnußscheiben, 80 g eingeweichte Rosinen und 2 Eßlöffel feingehackten Dill dazugeben und alles mit Zitronensaft, Meersalz und Pfeffer würzen.

ROTBRASSENFILETS IN BLUTORANGEN-PFEFFER-SAUCE

Infoblock

- Arbeitszeit: ca. 30 Minuten
- Garzeit: ca. 25 Minuten
- 4 Portionen
- ca. 560 kcal je Portion

Zutaten

500 g kleine Navetten (weiße Rübchen)
1 TL Meersalz
6 Blutorangen
1 TL Zucker
2 Schalotten
½ Bund Kerbel
2 EL Butter
4 Rotbrassenfilets à ca. 280 g
weißer Pfeffer aus der Mühle
300 ml Fischfond
150 ml Roséwein
40 g kalte Butter
1 TL Weizenstärke
1 TL eingelegte grüne Pfefferkörner
1 Prise frisch geriebene Muskatnuß

GETRÄNKETIP

Servieren Sie am besten den gleichen Roséwein, den Sie für die Sauce genommen haben. Sehr gut paßt dazu ein Roséwein aus der Provence.

1 Die Navetten putzen, schälen und in Achtel schneiden. Sie dann in leicht gesalzenem Wasser etwa 3 Minuten kochen, danach kalt abschrecken. Die Blutorangen waschen und die Schale mit einem Juliennereißer abziehen. Die Schalenstreifen in leicht gezuckertem Wasser blanchieren.

2 Den Backofen auf 180 °C vorheizen. Von 4 Orangen mit einem dünnen Messer die Schale so abschneiden, daß auch die weiße Haut mitentfernt wird. Nun die Filets aus den Trennwänden schneiden, den Saft dabei auffangen. Den Saft aus den übriggebliebenen Trennwänden ausdrücken. Die restlichen Orangen halbieren und den Saft auspressen. Die Schalotten schälen und fein hacken. Die Kerbelblätter waschen, trockentupfen und von den Stielen zupfen.

3 Eine ofenfeste Form mit etwas Butter ausstreichen. Die Rotbrassenfilets abspülen und trockentupfen, mit Meersalz und Pfeffer würzen, zusammen mit der Hälfte der Schalotten in die Form legen. Je 50 ml Fischfond und Roséwein dazugeben und den Fisch etwa 10 Minuten im Ofen garen.

4 Die restlichen Schalotten in 1 Eßlöffel Butter andünsten, dann mit 50 ml Roséwein ablöschen. Den Orangensaft und den restlichen Fischfond dazugeben und die Flüssigkeit zu einem Drittel einkochen. Den Fond der Filets zur Sauce geben und die Filets warm stellen.

5 Die Stärke mit 50 ml Roséwein verrühren, in die Sauce einrühren und diese aufkochen. Die Pfefferkörner mit Wasser abspülen. Die Orangensauce mit 40 g kalter Butter aufschlagen, den grünen Pfeffer und die Orangenschalenstreifen dazugeben und die Sauce mit Meersalz abschmecken. Die Navetten in der restlichen Butter erhitzen und mit Meersalz, Pfeffer sowie Muskatnuß würzen.

6 Die Sauce auf die Teller geben, das Filet in die Mitte legen, die Navetten darumlegen und alles mit den Kerbelblättern garnieren.

BEILAGENTIPS

- **Zum Fischgericht mit der kräftigen Sauce passen die Spinatgrießnocken (Seite 118). Garen Sie diese möglichst gleichzeitig mit den Filets im Ofen.**
- **Auch wilder Reis paßt sehr gut dazu.**

REZEPTVARIATION

Wer keinen grünen Pfeffer mag, kann statt dessen Zucchinijulienne in die Sauce geben. Zusammen mit der Orangenjulienne sieht das sehr hübsch aus. Dazu 2 mittelgroße Zucchini mit dem Juliennereißer abziehen, die Streifen etwas kleinschneiden, blanchieren und in die Sauce geben. Das Zucchinifleisch in etwa 1 cm große Würfel schneiden, zusammen mit 1 gehackten Schalotte in 1 Eßlöffel Butter etwa 2 Minuten andünsten und mit Meersalz und Pfeffer würzen. Die Zucchini anstelle der Navetten reichen.

Seezungenröllchen auf Lauch mit Kurkumasauce

Infoblock

- Arbeitszeit: ca. 1 Stunde
- Garzeit: ca. 35 Minuten
- 4 Portionen
- ca. 670 kcal je Portion

Zutaten

4 Tomaten
¼ Bund Koriandergrün
1 Apfel
1 Knoblauchzehe
1 Zwiebel
2 EL Butter
1 TL Kurkumapulver
400 ml Fischfond
200 g Crème double
1 TL Meersalz
weißer Pfeffer aus der Mühle
200 g Lachsfilet, gut gekühlt
150 g süße Sahne, gut gekühlt
2 cl Cognac
8 Seezungenfilets à ca. 80 g
50 ml Weißwein
400 g Lauch

Getränketip

Zu den Seezungenröllchen schmeckt ein halbtrockener Riesling aus dem Rheingau sehr gut.

1 Die Tomaten in kochendem Wasser einige Minuten blanchieren, mit kaltem Wasser abschrecken, enthäuten, halbieren, vom Stielansatz befreien und entkernen. Die Tomaten dann in etwa 1 cm große Würfel schneiden. Den Koriander waschen, trockentupfen und die Blättchen von den Stielen zupfen. Den Backofen anschließend auf 180 °C vorheizen.

2 Den Apfel schälen, vierteln, entkernen und kleinschneiden. Den Knoblauch und die Zwiebel schälen, fein hacken und in 1 Eßlöffel Butter andünsten. Nun den Apfel kurz mitdünsten und das Kurkumapulver dazugeben.

3 Etwa 350 ml Fischfond dazugießen und alles 15 Minuten kochen lassen. Nun die Crème double dazugeben, die Sauce 2 Minuten kochen lassen und dann fein pürieren. Sie durch ein Sieb passieren und mit Meersalz und Pfeffer würzen.

4 Das Lachsfilet grob zerkleinern, mit Meersalz und Pfeffer würzen und in einem Mixer fein pürieren. Nach und nach die Sahne dazugeben und die Farce mit Cognac verfeinern. Sie anschließend durch ein Sieb streichen und nochmals abschmecken.

5 Die Seezungenfilets leicht klopfen, die Hautseite mit der Farce bestreichen und die Filets zusammenrollen. Eine ofenfeste Form mit der restlichen Butter ausstreichen. Mit einem Zahnstocher die Röllchen zusammenstecken und in die Form setzen.

6 Den Fisch mit Meersalz und Pfeffer würzen, 50 ml Weißwein und 50 ml Fischfond angießen und die Röllchen im Ofen etwa 15 Minuten abgedeckt garen. Inzwischen den Lauch putzen, längs aufschlitzen, gründlich waschen und trockenschütteln. Ihn erst in etwa 4 cm lange Stücke, dann in feine Streifen schneiden. Die Lauchstreifen in der restlichen Butter etwa 3 Minuten andünsten und salzen.

7 Den Lauch auf die Teller verteilen, die Seezungenröllchen darauf legen, den Fond zur Sauce geben. Die Tomatenwürfel daruntermischen. Die Sauce über die Röllchen gießen und alles mit Koriander garnieren.

Beilagentip

Den feinen, zarten Geschmack der Seezungenröllchen unterstreicht am besten Basmatireis.

REZEPTVARIATION

Wer das Ganze würziger haben möchte, nimmt anstelle des Kurkumapulvers Curry. Kurkuma ist ein Bestandteil des Currypulvers und wird aus der Gelbwurzel gewonnen. Es färbt Saucen intensiv gelb.

ADLERFISCHFILETS IN TOMATENSAUCE MIT FENCHEL

Infoblock

- Arbeitszeit: ca. 50 Minuten
- Garzeit: ca. 25 Minuten
- 4 Portionen
- ca. 500 kcal je Portion

Zutaten

2 Gemüsefenchel
2 Adlerfischfilets à ca. 250 g
½ TL Meersalz
weißer Pfeffer aus der Mühle
300 g Tomaten
2 Schalotten
1 Knoblauchzehe
2 EL Butter
1 EL Tomatenmark
50 ml Weißwein
300 ml Fischfond
6 EL Sonnenblumenöl
1 EL Mehl
40 g kalte Butter

GETRÄNKETIP

Dazu trinkt man einen trockenen Chablis aus dem nördlichen Burgund.

1 Die Fenchelknollen putzen, waschen und halbieren. Das Kraut abzupfen, etwas für die Garnitur beiseite legen und den Rest fein hacken. Den Strunk abschneiden und den Fenchel in dünne Scheiben schneiden. Die Fischfilets abspülen, trockentupfen, in 4 Portionen schneiden und mit Meersalz und Pfeffer würzen.

2 Die Tomaten waschen, den Stielansatz keilförmig herausschneiden und die Tomaten grob zerschneiden. Die Schalotten und den Knoblauch schälen und fein hacken. Schalotten und Knoblauch in 1 Eßlöffel Butter andünsten, die Tomaten und das Tomatenmark dazugeben.

3 Den Weißwein und den Fischfond dazugießen und alles 10 Minuten kochen lassen. Danach die Sauce durch ein Sieb passieren und mit Meersalz und Pfeffer würzen.

4 Das Sonnenblumenöl zusammen mit 1 Eßlöffel Butter erhitzen, die Filets mit Mehl bestäuben und auf beiden Seiten etwa 8 Minuten braten. Den Fenchel in 1 Eßlöffel Butter etwa 6 Minuten dünsten, zum Schluß das Fenchelkraut dazugeben und das Gemüse mit Meersalz und Pfeffer pikant abschmecken.

5 Den Fenchel in die Mitte des Tellers legen, das Filet daran legen. Die Sauce mit 40 g kalter, in Würfel geschnittener Butter aufmixen, um das Filet gießen und den Fisch mit dem Fenchelkraut garnieren.

BEILAGENTIP

Zum Adlerfischfilet in Tomatensauce paßt ein Mandelreis. Dafür gehackte Mandeln auf einem Backblech bei starker Oberhitze im Ofen bräunen, unter den gegarten Reis mischen und alles in etwas Butter schwenken.

REZEPTVARIATION

Zum kräftig-mediterranen Geschmack der Tomatensauce und des Fenchels paßt auch Thunfisch. Dieser muß vor dem Braten mit Meersalz, Zitronensaft und Pfeffer mariniert, aber nicht in Mehl gewendet werden. Die Thunfischfilets 10 Minuten braten.

PRAKTISCHER TIP

Der Adlerfisch ist in Frankreich unter dem Namen Maigre bekannt und ein beliebter Speisefisch. Sein wohlschmeckendes Fleisch ähnelt dem Geschmack des Wolfsbarsches, ist aber etwas magerer.

ÜBERBACKENE SEETEUFELMEDAILLONS MIT ZWEIERLEI SAUCEN

Infoblock

- **Arbeitszeit: ca. 50 Minuten**
- **Garzeit: ca. 30 Minuten**
- **4 Portionen**
- **ca. 750 kcal je Portion**

Zutaten

800 g Seeteufelfilet
je 1 rote und gelbe Paprikaschote
1 Schalotte
60 g Butter
500 ml Fischfond
200 g Crème double
1 TL Meersalz
weißer Pfeffer aus der Mühle
4 EL Noilly Prat (trockener französischer Vermouth)
500 g Zucchini
4 EL Sonnenblumenöl
160 g Mozzarella
3 EL süße Sahne
8 Basilikumblätter

GETRÄNKETIP

Zum Seeteufel mit den fruchtigen Paprikasaucen paßt sehr gut ein Soave Classico.

1 Die Seeteufelfilets von Hautstücken befreien, abspülen, trockentupfen und in 8 Medaillons schneiden.

2 Die Paprikaschoten waschen, halbieren, entkernen und fein schneiden. Dabei rote und gelbe Paprikastücke nicht miteinander mischen. Die Schalotte schälen, fein hacken und jeweils die Hälfte in je 1 Eßlöffel Butter andünsten. Die gelben und die roten Paprikawürfel getrennt darin andünsten und in je der Hälfte des Fischfonds in etwa 20 Minuten weich kochen.

3 Zu den Saucen je die Hälfte der Crème double geben, sie nochmals 3 Minuten kochen und dann fein mixen. Die Saucen getrennt durch ein Sieb passieren und mit Meersalz, Pfeffer und Noilly Prat abschmecken.

4 Die Zucchini waschen, putzen und in etwa 1 cm große Würfel schneiden. 1 Eßlöffel Butter erhitzen, die Zucchini etwa 3 Minuten darin andünsten, mit Meersalz und Pfeffer würzen.

5 Die Seeteufelmedaillons mit Meersalz und Pfeffer würzen. Das Sonnenblumenöl in einer Pfanne erhitzen, die restliche Butter dazugeben und die Medaillons darin auf beiden Seiten etwa 4 Minuten braten.

6 Den Mozzarella in etwa 3 mm dicke Scheiben schneiden, die Medaillons auf eine Platte legen und mit dem Mozzarella bedecken. Nun die Sahne darübergießen und die Medaillons bei starker Oberhitze hellbraun überbacken.

7 Die Zucchiniwürfel auf die Tellermitte geben, die Saucen rechts und links davon angießen. Die Medaillons in die Saucen legen und alles mit den Basilikumblättern garnieren.

BEILAGENTIPS

- **Dazu schmecken feine Tagliatellenudeln mit gehacktem Basilikum.**
- **Gut passen auch die schwarzen Nudeln (Seite 115) dazu, die außerdem einen reizvollen farblichen Kontrast zu diesem Gericht bilden.**

REZEPTVARIATION

Seeteufel kann man auch im Ganzen braten. Für 4 Portionen einen 1,2 kg schweren Seeteufel ohne Kopf häuten und die Schwanzflosse abschneiden. Mit Meersalz, Pfeffer und Zitronensaft würzen und mit Mehl bestäuben. Den Fisch in 5 Eßlöffeln Sonnenblumenöl auf allen Seiten anbraten und im vorgeheizten Ofen bei 180 °C etwa 20 Minuten backen.

GEBRATENE ROTZUNGENFILETS MIT WALNÜSSEN

Infoblock

- Arbeitszeit: ca. 50 Minuten
- Garzeit: ca. 15 Minuten
- 4 Portionen
- ca. 770 kcal je Portion

Zutaten

2 Tomaten
1 mittelgroße Stange Lauch
80 g Butter
200 g süße Sahne
½ TL Meersalz
1 Prise gemahlene Muskatnuß
weißer Pfeffer aus der Mühle
2 Schalotten
1 Bund Petersilie
4 Rotzungenfilets à ca. 180 g
Saft von 1 Zitrone
1 EL Mehl
6 EL Sonnenblumenöl
80 g gehackte Walnußkerne

GETRÄNKETIP

Zu den gebratenen Rotzungen paßt ein trockener Sancerre von der Loire.

1 Die Tomaten in kochendem Wasser blanchieren, kalt abschrecken und enthäuten. Sie dann halbieren, vom Stielansatz befreien, entkernen und in etwa 1 cm große Würfel schneiden. Die Lauchstange putzen, waschen und längs halbieren. Sie in etwa 2 cm große Stücke schneiden und in 1 Eßlöffel Butter andünsten. Die Sahne dazugeben, den Lauch etwa 5 Minuten kochen lassen und mit Meersalz, Muskatnuß und Pfeffer abschmecken.

2 Die Schalotten schälen und fein hacken. Die Petersilie waschen und trockentupfen. Die Blättchen von den Stielen zupfen und fein hacken.

3 Die Rotzungenfilets mit der Hälfte des Zitronensafts, Meersalz und Pfeffer würzen, abtupfen und mit Mehl bestäuben. Das Sonnenblumenöl in einer Pfanne erhitzen, 1 Eßlöffel Butter dazugeben, aufschäumen lassen und die Filets darin auf beiden Seiten etwa 3 Minuten braten.

4 Die restliche Butter in die Pfanne geben, aufschäumen lassen, die Walnüsse dazugeben. Die Butter etwas bräunen lassen, mit dem restlichen Zitronensaft, Meersalz und Pfeffer würzen und mit der Petersilie verfeinern. Die Tomaten zusammen mit dem Lauch erwärmen. Das Gemüse auf den Tellern anrichten, die Filets darauf legen und mit der Walnußbutter übergießen.

BEILAGENTIP

Zu den Rotzungenfilets setzt eine Beilage mit rotem Reis aus der Camarque schöne farbliche Akzente.

REZEPTVARIATION

Die Filets können auch auf Blattspinat serviert werden. Dazu 800 g Blattspinat putzen, waschen und blanchieren. Dann 1 Eßlöffel feingehackte Schalotten in 1 Eßlöffel Butter andünsten. Den Blattspinat dazugeben. 150 g Crème double daruntergeben, kurz aufkochen lassen und den Spinat mit Meersalz, Pfeffer und Muskatnuß würzen.

MEERBARBENFILETS AUF MANGOLD MIT SAFRANSAUCE

Infoblock

- Arbeitszeit: ca. 50 Minuten
- Garzeit: ca. 30 Minuten
- 4 Portionen
- ca. 590 kcal je Portion

Zutaten

2 Schalotten
1 Knoblauchzehe
40 g Butter
100 ml trockener Weißwein
300 ml Fischfond
2 Msp. gemahlener Safran
200 g Crème double
1 TL Meersalz
1 Prise Cayennepfeffer
1 rote Paprikaschote
800 g Mangold
weißer Pfeffer aus der Mühle
8 Meerbarbenfilets à ca. 70 g
4 EL Sonnenblumenöl
12 Kerbelblätter

GETRÄNKETIP

Zu den Barben schmeckt ein trockener Riesling aus dem Rheingau sehr gut.

1 Den Backofen auf 250 °C vorheizen. Die Schalotten und den Knoblauch schälen und fein hacken. Den Knoblauch und die Hälfte der Schalotten in 1 Eßlöffel Butter andünsten, mit dem Weißwein ablöschen, den Fischfond dazugeben und die Flüssigkeit zu einem Drittel einkochen lassen. Nun den Safran und die Crème double dazugeben. Die Sauce nochmals zur Hälfte einkochen lassen und mit Meersalz und Cayennepfeffer würzen.

2 Die Paprikaschote waschen, halbieren und entkernen. Sie etwa 10 Minuten backen, bis sich die Haut lösen läßt. Die Schote enthäuten und in etwa 2 cm große Rauten schneiden.

3 Den Mangold putzen und waschen. Die Stiele erst in etwa 3 cm lange Stücke, dann in dünne Stifte schneiden und die Blätter etwa in 3 cm große Stücke schneiden. Stielstifte und Blätter getrennt in kochendem und leicht gesalzenem Wasser kurz blanchieren. Die restlichen Schalotten in 1 Eßlöffel Butter andünsten, den Mangold dazugeben, mit Meersalz und Pfeffer würzen und etwa 3 Minuten abgedeckt erhitzen.

4 Die Fischfilets abspülen, trockentupfen, mit Meersalz und Pfeffer würzen. Das Sonnenblumenöl in einer Pfanne erhitzen, die restliche Butter dazugeben und die Filets darin auf beiden Seiten etwa 5 Minuten braten.

5 Den Mangold in die Mitte der Teller geben, die Filets darauf legen und die Safransauce darum herum verteilen. Den Fisch mit den Paprikarauten und den Kerbelblättern garnieren.

BEILAGENTIP

Dazu schmecken neue Kartoffeln, die zusammen mit gehacktem Kerbel in Butter geschwenkt werden.

REZEPTVARIATION

Zu den Meerbarbenfilets paßt auch ein Feldsalat mit Tomatendressing. Und so wird's gemacht: 200 g Feldsalat putzen, waschen und trockentupfen. 4 Tomaten schälen, entkernen und in etwa 1 cm große Würfel schneiden. 1 Schalotte schälen, fein hacken, mit 1 Teelöffel Senf, 6 Eßlöffeln Weißweinessig und 6 Eßlöffeln Olivenöl verrühren. Das Dressing mit Meersalz und Pfeffer würzen. Die Tomatenwürfel darunterrühren und dann mit dem Feldsalat mischen. Den Salat anrichten und die gebratenen Filets darauf legen.

SEEZUNGEN MIT SALBEI UND ORANGEN

Infoblock

- **Arbeitszeit: ca. 45 Minuten**
- **Garzeit: ca. 20 Minuten**
- **4 Portionen**
- **ca. 760 kcal je Portion**

Zutaten

1 Schalotte
800 g Blattspinat
50 g Pinienkerne
1 Bund Salbei
4 Orangen
4 küchenfertige Seezungen à ca. 350 g
2 TL Meersalz
weißer Pfeffer aus der Mühle
Saft von 1 Zitrone
2 EL Mehl
100 ml Sonnenblumenöl
80 g Butter

GETRÄNKETIP

Zur Seezunge mit Salbeibutter schmeckt ein kühler, trockener Gewürztraminer.

1 Die Schalotte schälen und fein hacken. Den Blattspinat putzen, waschen, in kochendem Salzwasser blanchieren und in kaltem Wasser abschrecken. Die Pinienkerne in einer Pfanne etwa 2 Minuten rösten, bis sie hellbraun sind.

2 Den Salbei waschen, trockentupfen, die Blätter von den Stielen zupfen und in feine Streifen schneiden. Den Saft von 1 Orange auspressen. Die restlichen Orangen mit einem Messer so schälen, daß die weiße Haut mitentfernt wird. Die Filets aus den Trennhäuten schneiden, dabei den Saft auffangen und den Saft aus den Trennhäuten auspressen.

3 Die Seezungen abspülen, trockentupfen, mit Meersalz, Pfeffer und Zitronensaft würzen und mit Mehl bestäuben. Das Sonnenblumenöl in einer Pfanne erhitzen, 1 Eßlöffel Butter dazugeben und die Seezungen etwa 10 Minuten auf beiden Seiten braten. Dann auf Teller legen, mit den Orangenfilets belegen und abgedeckt auf einer Warmhalteplatte warm stellen.

4 Die Schalotten in 1 Eßlöffel Butter andünsten, die Pinienkerne und den Blattspinat dazugeben und das Gemüse mit Meersalz und Pfeffer würzen.

5 In einer Pfanne die restliche Butter aufschäumen lassen, den Salbei darin leicht bräunen. Dann den Orangensaft dazugießen, mit Meersalz und Pfeffer würzen und die Sauce über die Seezungen geben. Dazu den Blattspinat servieren.

BEILAGENTIP

Zur Seezunge schmecken kleine gekochte Kartoffeln, die in Petersilienbutter geschwenkt werden, sehr gut.

REZEPTVARIATION

Wer Orangen und Salbei nicht mag, kann auch eine Basilikumbutter mit Tomaten probieren. Dazu 2 Tomaten schälen, entkernen und in etwa 1 cm große Würfel schneiden. 1 Bund Basilikum waschen, trockentupfen und die Blätter in feine Streifen schneiden. Je 1 fein gehackte Schalotte und Knoblauchzehe in 80 g Butter andünsten, den Basilikum und die Tomaten dazugeben und die Butter über die Seezungen geben.

ROTBARSCHFILETS MIT TOMATEN-OLIVEN-RAGOUT

Infoblock

- Arbeitszeit: ca. 40 Minuten
- Garzeit: ca. 15 Minuten
- 4 Portionen
- ca. 590 kcal je Portion

Zutaten

1 Bund Basilikum
8 Tomaten
je 100 g grüne und schwarze Oliven
1 Knoblauchzehe
2 Schalotten
100 ml Olivenöl
100 ml Tomatensaft
2 Zucchini
4 Rotbarschfilets à ca. 160 g
½ TL Meersalz
weißer Pfeffer aus der Mühle
Saft von ½ Zitrone
1 EL Mehl

1 Das Basilikum waschen, trockentupfen und die Blättchen von den Stielen zupfen. Einige für die Garnitur beiseite legen, die restlichen fein hacken. Die Tomaten in kochendem Wasser blanchieren, in kaltem Wasser abschrecken und enthäuten. Die Tomaten halbieren, entkernen und achteln.

2 Die Oliven entkernen und vierteln. Die Knoblauchzehe und die Schalotten schälen, fein hacken und in 2 Eßlöffeln Olivenöl andünsten. Dann die Tomaten, das gehackte Basilikum und die Oliven dazugeben und alles etwa 1 Minute erhitzen. Den Tomatensaft dazugeben, etwa 2 Minuten kochen lassen und die Sauce mit Meersalz und Pfeffer würzen.

3 Die Zucchini waschen, putzen und in etwa 3 mm dicke Scheiben schneiden. Sie in 1 Eßlöffel Olivenöl etwa 3 Minuten dünsten und mit Meersalz und Pfeffer würzen.

4 Die Rotbarschfilets abspülen, trockentupfen, mit Meersalz, Pfeffer und Zitronensaft würzen und mit Mehl bestäuben. Das restliche Olivenöl in einer Pfanne erhitzen und die Filets darin auf beiden Seiten etwa 8 Minuten braten.

5 Die Zucchini auf die Teller legen, das Filet daneben legen, zur Hälfte mit dem Tomatenragout übergießen und mit den Basilikumblättchen garnieren.

BEILAGENTIP

Zu diesem italienischen Gericht passen sehr gut das Pilzrisotto (Seite 114) oder die schwarzen Nudeln (Seite 115).

REZEPTVARIATION

Der Rotbarsch kann auch pochiert werden. Dafür die Filets in eine gebutterte Backform geben, mit Meersalz und Pfeffer würzen und zusammen mit 50 ml Weißwein und 50 ml Fischfond im vorgeheizten Ofen bei 180 °C etwa 10 Minuten pochieren.

GETRÄNKETIP

Zum Rotbarschfilet schmeckt am besten ein trockener Orvieto.

Glattbuttfilets in Currysauce mit Paprika

Infoblock

- Arbeitszeit: ca. 60 Minuten
- Garzeit: ca. 30 Minuten
- 4 Portionen
- ca. 360 kcal je Portion

Zutaten

2 rote Paprikaschoten
1 Bund Koriandergrün
1 Knoblauchzehe
2 Zwiebeln
50 ml Sonnenblumenöl
2 Tomaten
1 EL Currypulver
400 ml Fischfond
etwas weiche Butter für die Form
4 Glattbuttfilets à ca. 170 g ohne Haut
½ TL Meersalz
weißer Pfeffer aus der Mühle
100 g Joghurt

Beilagentip

Zum Fisch in der Currysauce auf indische Art paßt Basmatireis, unter den bunte Gemüsewürfel gemischt werden.

1 Den Ofen auf 250 °C vorheizen. Die Paprikaschoten waschen, halbieren und entkernen. Die Schoten etwa 10 Minuten im Ofen backen, dann die Haut abziehen und das Fleisch in etwa 1 cm große Würfel schneiden. Die Backofentemperatur auf 180 °C reduzieren. Den Koriander waschen, trockentupfen und die Blättchen von den Stielen zupfen.

2 Den Knoblauch und die Zwiebeln schälen, fein hacken und in dem Sonnenblumenöl glasig dünsten. Die Tomaten waschen, den Stielansatz herausschneiden. Die Tomaten achteln und zusammen mit dem Curry zu den Zwiebeln geben. 300 ml Fischfond beifügen und alles etwa 10 Minuten kochen lassen. Die Sauce anschließend mit dem Mixer fein pürieren und durch ein Sieb passieren.

3 Eine ofenfeste Form mit Butter ausfetten. Die Fischfilets hineinlegen und mit Meersalz und Pfeffer würzen. Den restlichen Fischfond dazugeben und im Ofen etwa 12 Minuten abgedeckt garen. Die Filets aus dem Ofen nehmen und warm stellen.

4 Zuerst den Fond, dann den Joghurt zur Sauce geben und sie nochmals aufmixen. Sie nicht mehr kochen lassen. Die Paprikawürfel in der Sauce erwärmen und einen Saucenspiegel auf die Teller geben. Das Filet darauf legen und mit Korianderblättern garnieren.

Praktischer Tip

Curry ist eine Gewürzmischung, die es in den unterschiedlichsten Variationen gibt: von kräftig grün bis gelblich, je nach Zusammenstellung mit bis zu 50 Gewürzen, die eine Currymischung enthält. Es gibt auch einen roten Curry, der allerdings viel schärfer ist und aus der thailändischen Küche kommt.

Getränketips

- **Zum Curryfisch schmeckt sehr gut ein frisch gezapftes Pils.**
- **Ebensogut paßt ein indischer Schwarztee, den man mit Milch trinken sollte.**
- **Wer einmal etwas Ungewöhnliches ausprobieren möchte, dem empfehlen wir ein Tamarindengetränk. Grundlage dafür sind die Früchte des Tamarindenbaums, der hauptsächlich in Indien angepflanzt wird. Man benötigt Tamarindenkonzentrat, das auch unter dem Namen „Asem" erhältlich ist. Es wird in lauwarmem Wasser aufgelöst, dann mit Eiswasser verdünnt und mit Zucker nach Geschmack gesüßt.**

STÖRFILETS MIT KAVIARHAUBE IN SCHNITTLAUCHSAUCE

Infoblock

- Arbeitszeit: ca. 50 Minuten
- Garzeit: ca. 30 Minuten
- 4 Portionen
- ca. 590 kcal je Portion

Zutaten

1 Bund Schnittlauch
2 Schalotten
100 g Butter
200 ml trockener Weißwein
300 ml Fischfond
200 g Crème double
½ TL Meersalz
Cayennepfeffer
2 Eigelb
Saft von ½ Zitrone
weißer Pfeffer aus der Mühle
4 Störfilets à ca. 170 g
50 g Kaviar

GETRÄNKETIPS

- **Dazu schmeckt ein Glas Champagner oder ein trockener Sekt.**
- **Man kann aber auch einen russischen Schwarztee zum Stör reichen.**
- **Nach dem Genuß dieses gehaltvollen Gerichts mit Anklängen an die russische Küche empfiehlt sich ein gut gekühlter Wodka.**

1 Den Schnittlauch waschen, trockentupfen, einige Halme für die Garnitur beiseite legen, den Rest fein schneiden. Die Schalotten schälen, feinhacken und in 1 Eßlöffel Butter glasig dünsten. Den Backofen auf 180 °C vorheizen.

2 Den Weißwein zu den Schalotten geben, ihn zur Hälfte einkochen lassen und den Fischfond dazugießen. Die Flüssigkeit nochmals zur Hälfte einkochen. 100 ml davon abnehmen und beiseite stellen. Unter den restlichen Fond die Crème double rühren. Die Sauce etwa 2 Minuten kochen lassen und mit Meersalz und Cayennepfeffer würzen.

3 Etwa 80 g Butter erhitzen, bis sie klar ist, und durch ein feines Sieb gießen. Die Eigelbe zusammen mit der Hälfte des beiseitegestellten, reduzierten Fonds in einer Schüssel im heißen Wasserbad so lange schlagen, bis die Masse leicht fest wird. Die Schüssel aus dem Wasserbad nehmen und die geklärte Butter löffelweise unter die Eigelbmasse rühren. Sie mit Zitronensaft, wenig Meersalz und Pfeffer würzen.

4 Eine ofenfeste Form mit der restlichen Butter ausstreichen. Die Störfilets hineinlegen und mit Meersalz und Pfeffer würzen. Den Rest des beiseitegestellten Fonds dazugeben und die Fische dann im vorgeheizten Ofen etwa 10 Minuten garen.

5 Die Filets danach herausnehmen, den Fond zur Sauce geben. Die Filets auf die Teller legen. Den Kaviar unter den Eigelb-Butter-Schaum rühren und ihn über das Filet geben. Den Schnittlauch unter die Sauce heben, um das Filet gießen und alles mit den Schnittlauchhalmen garnieren.

BEILAGENTIPS

- **Dazu serviert man Blattspinat und kleine gekochte Kartoffeln, die in Mandelbutter geschwenkt werden.**
- **Sehr gut paßt auch der Spargel-Quark-Auflauf (Seite 116) zu diesem Gericht. Bereiten Sie dann zunächst den Auflauf zu und reduzieren Sie die Ofentemperatur während der letzten 10 Minuten auf 180 °C. So können Sie gleichzeitig die Störfilets garen.**

PRAKTISCHE TIPS

◆ Kaviar können Sie in verschiedenen Qualitäten kaufen. Der teuerste ist der Beluga, etwas günstiger sind Osietra und Sevruga. Der echte Kaviar wird vom Stör gewonnen. Nicht so teuer sind der hellrote Lachskaviar oder der gelbe Forellenkaviar. Sie haben einen kräftigen, aber nicht so feinen Geschmack.

◆ Falls Sie keine Störfilets bekommen, können Sie diese durch Filets von Lachsforellen ersetzen. Sie sollten dann allerdings auch Forellenkaviar verwenden.

MAKRELENFILETS IN PORTWEINSAUCE MIT MELONE

Infoblock

- Arbeitszeit: ca. 40 Minuten
- Garzeit: ca. 20 Minuten
- 4 Portionen
- ca. 510 kcal je Portion

Zutaten

1 kleine Netzmelone
1 Bund Estragon
2 Schalotten
20 g Butter zum Dünsten und für die Form
150 ml Portwein
350 ml Fischfond
4 Makrelenfilets à ca. 160 g
½ TL Meersalz
weißer Pfeffer aus der Mühle
1 TL Weizenstärke
60 g kalte Butter

GETRÄNKETIP

Mit der Portweinsauce harmoniert ein Spätburgunder aus Baden.

1 Die Netzmelone halbieren, entkernen und aus dem Fruchtfleisch Kugeln ausstechen. Den Estragon waschen, trockentupfen und die Blättchen von den Stielen zupfen. Einige für die Garnitur beiseite legen, die restlichen Blättchen fein hacken. Den Backofen auf 180 °C vorheizen.

2 Die Schalotten schälen, fein hacken und in 1 Eßlöffel Butter andünsten. 70 ml Portwein dazugeben, zur Hälfte einkochen lassen, 300 ml Fischfond dazugeben und alles nochmals zu einem Drittel einkochen.

3 Die Filets in eine gebutterte Backform legen, mit Meersalz und Pfeffer würzen, und mit 50 ml Fischfond und 30 ml Portwein begießen. Die Fische abgedeckt im Ofen etwa 10 Minuten garen. Den Fond zur Sauce geben und die Filets warm stellen.

4 Die Stärke mit 50 ml Portwein mischen und in den Saucenfond rühren. Die Sauce aufkochen lassen, vom Feuer nehmen und die kalte in Würfel geschnittene Butter darunterrühren. Den Estragon dazugeben und die Sauce mit Meersalz und Pfeffer würzen.

5 Die Melone im Ofen in etwa 2 Minuten erwärmen, abtropfen lassen und in die Sauce geben. Die Filets auf den Tellern anrichten, die Sauce mit den Melonen darübergeben und mit dem Estragon garnieren.

BEILAGENTIP

Zum portugiesischen Fischgericht mit der Portweinsauce passen gebratene kleine Kartoffeln und ein Feldsalat.

REZEPTVARIATION

Der kräftige Geschmack der Makrele verlangt eine ebensolche Sauce. Anstatt Portwein können Sie auch Sherry verwenden. Dann reichen aber 100 ml Sherry aus, und den Estragon ersetzen Sie durch Blattpetersilie.

MEERÄSCHEN IN KREUZKÜMMELSAUCE MIT PAPRIKA

Infoblock

- **Arbeitszeit: ca. 60 Minuten**
- **Garzeit: ca. 25 Minuten**
- **4 Portionen**
- **ca. 640 kcal je Portion**

Zutaten

½ Bund Blattpetersilie
je 1 rote, gelbe und grüne Paprikaschote
2 küchenfertige Meeräschen à ca. 600 g
Saft von ½ Zitrone
½ TL Meersalz
weißer Pfeffer aus der Mühle
1 EL Mehl
1 Knoblauchzehe
2 Schalotten
2 EL Butter
2 Msp. gemahlener Kreuzkümmel
1 EL Tomatenmark
100 ml Rotwein
300 ml Fischfond
150 g Crème double
6 EL Sonnenblumenöl

1 Den Ofen auf 250 °C vorheizen. Die Petersilie waschen, trockentupfen und die Blättchen von den Stielen zupfen. Etwas für die Garnitur beiseite legen und den Rest fein hacken.

2 Die Paprikaschoten waschen, halbieren und entkernen. Die Schoten im Ofen etwa 10 Minuten backen, dann die Haut abziehen und die Schoten in etwa 2 cm große Würfel schneiden. Die Backofentemperatur auf 180 °C reduzieren.

3 Die Meeräschen schuppen, abspülen und trockentupfen. Sie mit dem Zitronensaft, Meersalz und Pfeffer würzen und mit Mehl bestäuben. Den Knoblauch und die Schalotten schälen, fein hacken und in 1 Eßlöffel Butter andünsten. Den Kreuzkümmel und das Tomatenmark dazugeben, kurz anrösten und dann den Rotwein dazugeben.

4 Den Fischfond darunterrühren und 10 Minuten einkochen lassen. Die Crème double dazugeben, 2 Minuten kochen lassen und die Sauce durch ein Sieb passieren. Sie mit Meersalz und Pfeffer würzen, dann die Paprikawürfel und die feingehackte Petersilie dazugeben.

5 Das Sonnenblumenöl in einer Pfanne erhitzen, 1 Eßlöffel Butter dazugeben und die Meeräschen darin auf beiden Seiten in 2 Minuten anbraten. Sie im Ofen dann etwa 10 Minuten weiterbraten.

6 Die Fische anschließend filetieren, die Filets auf die Teller geben. Die Sauce darumgießen und alles mit den Petersilienblättern garnieren.

BEILAGENTIPS

- **Dazu schmecken mit Zwiebeln gebratene Kartoffelscheiben sehr gut.**
- **Probieren Sie doch einmal die Spinatgrießnocken (Seite 118) dazu. Bereiten Sie diese Beilage dann als erstes vor, und schieben Sie die Nocken nach dem Braten des Fisches in den Ofen. Die Fische müssen Sie währenddessen warmhalten.**

GETRÄNKETIPS

- **Zu den Meeräschen paßt ein Weißherbst aus Baden.**
- **Kreuzkümmel ist ein Gewürz, das in den Küchen der arabischen Welt verwendet wird. Deshalb paßt zu diesem Gericht auch ein Tee mit frischen Minzblättern sehr gut, wie er im Nahen Osten gern getrunken wird.**

REZEPTVARIATION

Anstelle der Meeräschen können Sie auch 4 Heilbuttfilets à etwa 170 g nehmen und diese in Pinienöl oder Mandelöl anbraten.

LACHSFILETS IM REISBLATT MIT KORIANDERSAUCE

Infoblock

- **Arbeitszeit: ca. 1 Stunde**
- **Garzeit: ca. 20 Minuten**
- **4 Portionen**
- **ca. 890 kcal je Portion**

Zutaten

1 Bund Koriandergrün
400 g junge Karotten
½ TL Zucker
1 TL Meersalz
80 g Blattspinat
200 g Lachsabschnitte, gut gekühlt
weißer Pfeffer aus der Mühle
150 g süße Sahne, gut gekühlt
4 getrocknete Reisblätter
4 enthäutete Lachsfilets à ca. 140 g
3 EL Sesamöl
1 Schalotte
2 EL Butter
100 ml Weißwein
300 ml Fischfond
200 g Crème double
1 Prise Cayennepfeffer
2 EL geröstete Sesamkörner

1 Den Koriander waschen, trockentupfen und die Blättchen von den Stielen zupfen. Etwas Garnitur beiseite legen und den Rest fein hacken. Die Karotten putzen, waschen und schälen. Sie dann in leicht gezuckertem und gesalzenem Wasser etwa 4 Minuten kochen. Den Blattspinat putzen, waschen, kurz in Salzwasser blanchieren und trockentupfen.

2 Den Backofen auf 180 °C vorheizen. Die Lachsabschnitte klein schneiden, mit Meersalz und Pfeffer würzen und zusammen mit dem Spinat im Mixer fein pürieren. Nach und nach die gut gekühlte Sahne dazugeben und die Masse durch ein Sieb streichen.

3 Die Reisblätter kurz in kaltes Wasser tauchen und auf ein feuchtes Küchentuch legen. Die Oberfläche trockentupfen und in der Mitte mit etwa der Hälfte der Fischfarce bestreichen. Die Lachsfilets leicht mit Meersalz und Pfeffer würzen, auf die Farce legen und wieder mit Farce bestreichen. Die Reisblätter zusammenklappen und die Ränder leicht festdrücken.

4 Die Reisblätter in Sesamöl auf beiden Seiten kurz anbraten und dann im Ofen weitere 10 Minuten garen.

5 Die Schalotte schälen, fein hacken und in 1 Eßlöffel Butter andünsten, mit Weißwein ablöschen, den Fischfond dazugeben und die Flüssigkeit zu einem Drittel einkochen.

6 Die Crème double und das feingehackte Koriandergrün zur Sauce geben, sie nochmals 2 Minuten kochen und mit Meersalz und Cayennepfeffer würzen. Die Karotten in 1 Eßlöffel Butter andünsten und mit Zucker und Meersalz würzen.

7 Die Sauce auf die Teller geben, das Lachsfilet darauf legen und die Karotten darumlegen. Die Sesamkörner über die Reisblätter streuen, alles mit den Korianderblättern garnieren.

BEILAGENTIP

Dazu schmeckt am besten ein Basmatireis, der mit geriebenem, frischem Ingwer gewürzt wird.

REZEPTVARIATION

Das Fischfilet können Sie auch ohne Reisblatt zubereiten. Dann nur eine Filetseite mit Lachsfarce bestreichen, mit geröstetem Sesam bestreuen und in etwas Fischfond im Ofen bei 180 °C etwa 12 Minuten garen.

GETRÄNKETIP

Zum Lachsfilet im Reisblatt schmeckt ein Bier. Überraschen Sie Ihre Gäste doch mit einem Bier aus Fernost.

FELCHENFILETS ZUGER ART

Infoblock

- Arbeitszeit: ca. 35 Minuten
- Garzeit: ca. 15 Minuten
- 4 Portionen
- ca. 530 kcal je Portion

Zutaten

4 Tomaten
je ¼ Bund Thymian, Basilikum, Oregano, Estragon und Dill
etwas weiche Butter für die Form
8 enthäutete Felchenfilets à ca. 75 g
½ TL Meersalz
weißer Pfeffer aus der Mühle
1 Knoblauchzehe
2 Schalotten
2 EL Butter
200 ml Weißwein
300 ml Fischfond
250 g Crème double
2 cl Kirschwasser

1 Die Tomaten in kochendem Wasser einige Minuten blanchieren, mit kaltem Wasser abschrecken und enthäuten. Die Tomaten halbieren, vom grünen Stielsansatz befreien, entkernen und achteln.

2 Die Kräuter waschen, trockentupfen und einige Zweige für die Garnitur beiseite legen. Von den restlichen Zweigen die Blättchen abzupfen und fein hacken. Den Ofen auf 180 °C vorheizen. Eine ofenfeste Form mit etwas Butter ausfetten. Die Fischfilets hineinlegen und mit Meersalz und Pfeffer würzen.

3 Den Knoblauch und die Schalotten schälen, fein hacken und in 1 Eßlöffel Butter andünsten. Den Weißwein dazugeben, ihn zur Hälfte einkochen lassen und den Fischfond dazugeben. Vom Weinfond nun 100 ml über die Filets geben und diese im Ofen etwa 8 Minuten abgedeckt garen.

4 Den Fond danach zurück in den Topf geben und die Filets warm stellen. Die feingehackten Kräuter zum Fond geben, ihn zur Hälfte einkochen und dann die Crème double dazugeben. Die Sauce etwa 2 Minuten kochen lassen, mit Meersalz, Pfeffer und Kirschwasser abschmecken.

5 Die Filets auf den Tellern anrichten, die Sauce darübergeben und das Gericht mit Tomatenachteln und Kräutern garnieren.

BEILAGENTIPS

- **Zu den feinen Felchenfilets passen am besten frischgekochte Kartoffeln.**
- **Als Gemüsebeilage eignen sich die Spinatgrießnocken (Seite 118). Sie können gleichzeitig mit dem Fisch in den Ofen geschoben werden.**

REZEPTVARIATION

Das Felchenfilet kann man auch sehr gut braten. Dafür die Haut am Filet lassen. Die Fischfilets mit Meersalz, Zitronensaft und Pfeffer würzen, dann mit Mehl bestäuben. 8 Eßlöffel Sonnenblumenöl erhitzen, 1 Eßlöffel Butter dazugeben und die Filets in dieser Mischung braten. Die Schalotten, den Knoblauch und die Kräuter in 60 g Butter aufschäumen lassen und mit Zitronensaft, Meersalz und Pfeffer würzen. Die Butter über die Filets geben.

GETRÄNKETIP

Dazu trinkt man einen gut gekühlten Fendant aus der Schweiz.

STEINBUTTFILETS IN BURGUNDERSAUCE

Infoblock

- Arbeitszeit: ca. 50 Minuten
- Garzeit: ca. 20 Minuten
- 4 Portionen
- ca. 510 kcal je Portion

Zutaten

2 mittelgroße Zucchini
2 Tomaten
je ¼ Bund Thymian, Rosmarin, Petersilie und Dill
1 Knoblauchzehe
2 Schalotten
60 g Butter zum Dünsten
350 ml Burgunder
300 ml Fischfond
etwas weiche Butter für die Form
700 g Steinbuttfilet
½ TL Meersalz
weißer Pfeffer aus der Mühle
1 TL Weizenstärke
60 g kalte Butter für die Sauce

1 Die Zucchini waschen und schräg in etwa 1 cm dicke Scheiben schneiden. Die Tomaten in kochendem Wasser blanchieren, mit kaltem Wasser abschrecken und enthäuten. Sie dann halbieren, vom Stielsansatz befreien, entkernen und in etwa 1 cm große Würfel schneiden.

2 Die Kräuter waschen, trockentupfen und die Blättchen von den Stielen zupfen. Einige für die Garnitur beiseite legen, die restlichen Blättchen fein hacken. Den Backofen auf 180 °C vorheizen.

3 Den Knoblauch und die Schalotten schälen, fein hacken und die Hälfte in 1 Eßlöffel Butter andünsten. Sie mit 300 ml Burgunder ablöschen, den Wein zu einem Drittel einkochen. 200 ml Fischfond dazugeben und die Flüssigkeit nochmals zur Hälfte einkochen.

4 Eine ofenfeste Form mit etwas Butter ausstreichen. Die Steinbuttfilets hineinlegen, mit Meersalz und Pfeffer würzen, den restlichen Fischfond dazugeben und die Filets im Ofen etwa 12 Minuten abgedeckt garen.

5 Die Filets danach warm stellen, den Fond zur Sauce geben und sie nochmals 2 Minuten kochen. Die Weizenstärke mit dem restlichen Burgunder mischen und unter die kochende Sauce rühren. Sie vom Herd nehmen, 60 g Butter darunterrühren und die Sauce mit Meersalz und Pfeffer würzen.

6 Die Zucchinischeiben in 1 Eßlöffel Butter etwa 3 Minuten braten und mit Meersalz und Pfeffer würzen. Den restlichen Knoblauch und die Schalotten in 2 Eßlöffel Butter schwenken, die gehackten Kräuter und die Tomatenwürfel dazugeben, mit Meersalz und Pfeffer würzen und über den Steinbutt geben.

7 Die Zucchinischeiben auf die Teller legen und den Steinbutt darauf legen. Die Sauce darumgießen und den Fisch mit den Kräutern garnieren.

BEILAGENTIPS

- **Zum Steinbuttfilet auf Burgunder Art paßt ein kräftig gelber Safranreis.**
- **Ebenso gut schmecken die gefüllten Kartoffeln (Seite 119) dazu. Diese müssen dann vor der Zubereitung des Fisches vorgegart werden.**

REZEPTVARIATION

Die Steinbuttfilets können auch gebraten werden. Dazu die Filets mit Zitronensaft, Meersalz und Pfeffer würzen, mit Mehl bestäuben und in 6 Eßlöffeln Sonnenblumenöl und 1 Eßlöffel Butter 2 Minuten anbraten. Dann etwa 10 Minuten bei 180 °C im Ofen garen.

GETRÄNKETIP

Dazu trinken Sie am besten den Wein, den Sie bereits für die Sauce entkorkt haben: einen fruchtigen Burgunder.

Schwertfischsteaks mit Mangosalsa und Guacamole

Infoblock

- Arbeitszeit: ca. 45 Minuten
- Garzeit: ca. 10 Minuten
- 4 Portionen
- ca. 650 kcal je Portion

Zutaten

1 Bund Koriander
2 Mangos
2 Tomaten
1 rote Paprikaschote
20 g frischer Ingwer
2 Schalotten
1 rote, scharfe Peperoni
6 EL Weißweinessig
1 EL Honig
½ TL Meersalz
1 Prise Kreuzkümmel
1 Prise Cayennepfeffer
2 Avocados
1 kleine Zwiebel
Saft von 1 Limette
4 Schwertfischsteaks
à ca. 200 g
weißer Pfeffer aus der Mühle
1 EL Mehl
5 EL Sonnenblumenöl

1 Den Koriander waschen, trockentupfen und die Blättchen von den Stielen zupfen. Einige Blättchen für die Garnitur beiseite legen, die restlichen fein hacken. Die Mangos schälen, entkernen und in etwa 1 cm große Würfel schneiden. Die Tomaten und die Paprikaschote waschen, entkernen und ebenfalls in etwa 1 cm große Würfel schneiden. Den Ingwer schälen und fein reiben. Die Schalotten schälen und fein hacken. Die Peperoni halbieren, entkernen und fein hacken.

2 Die Hälfte des feingehackten Korianders und der Tomatenwürfel mit den Mango- und Paprikawürfeln sowie dem Ingwer, den Schalotten, dem Weißweinessig und dem Honig mischen. Das Ganze mit Meersalz, Kreuzkümmel und Cayennepfeffer würzen.

3 Die Avocados schälen, entkernen und mit der Gabel fein zerdrücken. Die Zwiebel schälen, fein hacken und mit dem Avocadopüree mischen. Etwas Limettensaft, Meersalz und Cayennepfeffer dazugeben. Restliche Tomatenwürfel und Koriandergrün untermischen.

4 Die Schwertfischsteaks mit Limettensaft, Meersalz und Pfeffer würzen und mit Mehl bestäuben. Das Sonnenblumenöl in einer Pfanne erhitzen, den Schwertfisch darin auf beiden Seiten etwa 8 Minuten braten und danach auf den Tellern anrichten. Die Mangosalsa darübergeben, die Guacamole darum herum verteilen und alles mit den Korianderblättern garnieren.

Beilagentip

Zum Schwertfischsteak mit den pikant-feurigen Saucen paßt wilder Reis, unter den etwas Mais und Erbsen gemischt werden.

Rezeptvariation

Wenn Ihnen die Mangosalsa zu feurig ist, können Sie auch eine Koriander-Limetten-Butter zum Fisch servieren. Dazu dünsten Sie je 1 feingehackte Knoblauchzehe und Schalotte in 60 g Butter an, geben den Saft von 2 Limetten und 2 Eßlöffel feingehackten Koriander dazu. Mit Cayennepfeffer und Meersalz abschmecken.

Praktischer Tip

Es ist wichtig, die zerdrückten Avocados sofort mit Limettensaft zu verrühren, da sie sich sonst grau verfärben. Aus dem gleichen Grund sollte man Avocadopüree unmittelbar nach seiner Zubereitung servieren.

GETRÄNKETIP

Dieses Gericht stammt aus der südkalifornischen Küche, die stark von der mexikanischen beeinflußt ist. Trinken Sie dazu einen roten, kalifornischen Merlot.

FLUNDERFILETS IN PAPRIKA-SHERRY-SAUCE

Infoblock

- Arbeitszeit: ca. 50 Minuten
- Garzeit: ca. 30 Minuten
- 4 Portionen
- ca. 510 kcal je Portion

Zutaten

400 g Zuckerschoten
2 TL Meersalz
1 rote Paprikaschote
2 Schalotten
2 EL Butter
100 ml Sherry
350 ml Fischfond
1 Bund Kerbel
etwas weiche Butter für die Form
12 Flunderfilets à ca. 60 g, enthäutet
weißer Pfeffer aus der Mühle
200 g Crème double

1 Die Zuckerschoten putzen, waschen und in leicht gesalzenem Wasser blanchieren. Den Ofen auf 180 °C vorheizen. Die Paprikaschote waschen, halbieren, entkernen und grob zerschneiden. Die Schalotten schälen und fein hacken.

2 Die Schalotten in 1 Eßlöffel Butter andünsten. Den Paprika dazugeben, mitdünsten und mit dem Sherry ablöschen. 250 ml Fischfond dazugeben und alles etwa 15 Minuten köcheln lassen. Den Kerbel waschen, trockentupfen und die Blättchen von den Stielen zupfen.

3 Eine ofenfeste Form mit etwas Butter ausstreichen. Die Flunderfilets einmal zusammenklappen, hineinlegen und den Fisch mit Meersalz und Pfeffer würzen. 100 ml Fischfond dazugeben und die Flunderfilets im Ofen 12 Minuten abgedeckt garen. Den Fond danach zur Sauce geben und die Filets warm stellen.

4 Die Crème double in die Sauce geben, sie nochmals 5 Minuten kochen lassen und dann fein pürieren. Die Sauce anschließend mit Meersalz und Pfeffer würzen und danach durch ein Sieb passieren.

5 Die Zuckerschoten in der restlichen Butter erhitzen, mit Meersalz und Pfeffer würzen und sternartig auf den Tellern anrichten. Die Filets in die Mitte legen, die Sauce darumgießen und alles mit den Kerbelblättern garnieren.

BEILAGENTIP

Dazu schmeckt gekochter Reis, der mit gehacktem Kerbel verfeinert wird.

REZEPTVARIATION

Anstatt der Zuckerschoten können auch Champignons verwendet oder zusätzlich dazu serviert werden. 400 g Champignons putzen, waschen und abtropfen lassen. Dann in Viertel schneiden und zusammen mit 1 Eßlöffel gehackten Schalotten in 1 Eßlöffel Butter andünsten. 50 ml Weißwein dazugeben und das Ganze abgedeckt 2 Minuten kochen lassen. Anschließend mit Meersalz und Pfeffer würzen.

GETRÄNKETIP

Zum Flunderfilet auf spanische Art trinkt man einen weißen Rioja.

HAIFISCHSTEAKS MIT KRÄUTERKRUSTE

Infoblock

- Arbeitszeit: ca. 50 Minuten
- Garzeit: ca. 20 Minuten
- 4 Portionen
- ca. 540 kcal je Portion

Zutaten

je ¼ Bund Thymian, Basilikum, Rosmarin, Salbei und Petersilie
2 Scheiben Weißbrot
70 g weiche Butter
1 Eigelb
1 TL Meersalz
weißer Pfeffer aus der Mühle
4 Tomaten
1 Schalotte
1 Knoblauchzehe
1 EL Tomatenmark
200 ml Rotwein
300 ml Fischfond
800 g Haifischfilet ohne Haut
Saft von ½ Zitrone
1 EL Mehl
4 EL Sonnenblumenöl

1 Die Kräuter waschen, trockentupfen und die Blättchen von den Stielen zupfen. Die Stiele für die Sauce beiseite stellen, einige Blättchen für die Garnitur beiseite stellen und den Rest der Blättchen fein hacken. Von den Brotscheiben die Rinde abschneiden und die Krume fein reiben. 40 g Butter glattrühren, die feingehackten Kräuter, das geriebene Weißbrot und das Eigelb darunterrühren und die Masse mit Meersalz und Pfeffer würzen.

2 Die Tomaten waschen und in Stücke schneiden. Die Schalotte und den Knoblauch schälen, fein hacken und in 1 Eßlöffel Butter andünsten. Die Kräuterstiele, die Tomaten und das Tomatenmark dazugeben und etwa 1 Minute mitdünsten.

3 Den Rotwein und den Fischfond dazugeben und alles etwa 10 Minuten kochen lassen. Danach die Sauce mit Meersalz und Pfeffer würzen, fein pürieren und durch ein Sieb streichen.

4 Das Haifischfilet abspülen, trockentupfen und mit Meersalz, Zitronensaft und Pfeffer würzen und mit Mehl bestäuben. Das Sonnenblumenöl in einer Pfanne erhitzen, 1 Eßlöffel Butter dazugeben und die Filets darin auf beiden Seiten etwa 6 Minuten braten.

5 Die Filets auf eine feuerfeste Platte legen. Die Oberfläche trockentupfen und mit der Kräuter-Weißbrot-Masse bestreichen. Die Filets bei starker Oberhitze etwa 3 Minuten überbacken.

6 Die Sauce auf die Teller geben, das Filet darauf setzen und alles mit den Kräutern garnieren.

BEILAGENTIP

Zu diesem Gericht, das von der italienischen Küche inspiriert wurde, paßt hervorragend ein Pfifferlingrisotto (Seite 114).

REZEPTVARIATION

Die Kräuterkruste kann auch ohne Ei und Butter zubereitet werden. Dann die gebratenen Filets mit Kräutersenf bestreichen, die gehackten Kräuter mit dem geriebenen Weißbrot mischen und die Filets damit bestreuen.

GETRÄNKETIP

Zum Haifischsteak paßt ein trockener Merlot aus Italien.

HERINGSFILETS MIT SÜSS-SAURER SAUCE

Infoblock

- Arbeitszeit: ca. 40 Minuten
- Garzeit: ca. 10 Minuten
- 4 Portionen
- ca. 690 kcal je Portion

Zutaten

Fett zum Ausbacken
8 frische, enthäutete Heringsfilets à ca. 80 g
Meersalz
weißer Pfeffer aus der Mühle
2 EL Weizenstärke
2 verquirlte Eier
1 Frühlingszwiebel
je 1 rote und gelbe Paprikaschote
200 g Zuckerschoten
250 g frische Ananas
1 EL Tomatenmark
5 EL weißer Essig
3 EL Mangochutney (Fertigprodukt)
200 ml Fischfond
4 EL Erdnußöl
Szetchuanpfeffer aus der Mühle
1 Prise Cayennepfeffer

1 Das Backfett auf 170 °C in der Friteuse erhitzen. Die Heringsfilets in zwei Finger breite Scheiben schneiden. Den Fisch mit Meersalz und Pfeffer würzen und mit 1 Eßlöffel Weizenstärke bestäuben. Die Fischfilets durchs Ei ziehen, abtropfen lassen und im heißen Fett etwa 3 Minuten ausbacken.

2 Das Gemüse waschen und trockentupfen. Die Frühlingszwiebel putzen, das Grün in etwa 2 mm breite Ringe schneiden. Die weißen Stücke halbieren und in etwa 3 cm große Stücke schneiden. Die Paprikaschoten halbieren, entkernen und in etwa 3 cm große Rauten schneiden.

3 Die Zuckerschoten putzen und schräg in etwa 3 cm große Stücke schneiden. Die Ananas schälen, den Strunk herausschneiden. Das Ananasstück längs halbieren und quer in etwa 1 cm dicke Scheiben schneiden.

4 Für die Sauce das Tomatenmark mit dem Essig, dem Mangochutney, dem Fischfond und 1 Eßlöffel Weizenstärke verrühren.

5 Das Erdnußöl in einem Wok oder in einer großen Pfanne erhitzen. Die Frühlingszwiebelstücke und die Paprikaschoten darin 1 Minute unter Rühren braten. Nun die Zuckerschoten dazugeben, ebenfalls 1 Minute unter Rühren braten und dann die Ananas und die gebackenen Fischstücke dazugeben.

6 Die Saucenflüssigkeit dazugeben, kurz aufkochen lassen und alles mit Meersalz, Szetchuanpfeffer und Cayennepfeffer würzen. Das Fischgericht anrichten und mit den Frühlingszwiebelringen bestreuen.

BEILAGENTIP

Dazu paßt am besten Basmatireis.

REZEPTVARIATIONEN

- **Das Gemüse für dieses Gericht können Sie nach Belieben variieren. Nehmen Sie beispielsweise 150 g Brokkoliröschen, dünsten Sie sie in 4 Eßlöffel Erdnußöl 3 Minuten an, dünsten dann 200 g geviertelte Champignonköpfe 2 Minuten lang mit und geben dann 4 geschälte, entkernte, in Achtel geschnittene Tomaten und die Fischfilets dazu.**
- **Auch die Sauce können Sie mit frisch geriebenem Ingwer oder wenig Knoblauch geschmacklich verändern.**

GETRÄNKETIPS

- Zu diesem chinesischen Gericht paßt am besten ein herbes Pils.
- Teeliebhaber sollten einen grünen Tee dazu probieren.

ZAHNBRASSENFILETS MIT TOMATEN-AVOCADO-SALSA

Infoblock

- Arbeitszeit: ca. 40 Minuten
- Garzeit: ca. 10 Minuten
- 4 Portionen
- ca. 630 kcal je Portion

Zutaten

8 Tomaten
1 Schalotte
2 Knoblauchzehen
1 Bund Koriandergrün
1 Chilischote
10 g frischer Ingwer
6 Limetten
8 EL Olivenöl
1 Avocado
1 TL Meersalz
weißer Pfeffer aus der Mühle
4 EL Sonnenblumenöl
4 Zahnbrassenfilets
à ca. 170 g
1 EL Butter

BEILAGENTIP

Dazu schmeckt eine mit Spinat gefüllte Maistortilla. Tortillas können Sie bereits fertig kaufen.

1 Die Tomaten in kochendem Wasser blanchieren, anschließend in kaltem Wasser abschrecken. Die Tomaten enthäuten, halbieren und entkernen. Das Tomatenfleisch in etwa 1 cm große Würfel schneiden.

2 Die Schalotte und die Knoblauchzehen schälen und fein hacken. Das Koriandergrün waschen, trockentupfen und drei Viertel davon fein hacken. Die Chilischote waschen, halbieren, entkernen und in sehr feine Würfel schneiden. Den Ingwer schälen und fein reiben. Die Limetten halbieren, den Saft auspressen und ihn zusammen mit dem Olivenöl in eine Schüssel geben.

3 Die Avocado schälen, entkernen, in etwa 1 cm große Würfel schneiden und zusammen mit den Tomaten, der Schalotte, dem Knoblauch, dem feingehackten Koriander, der Chilischote und dem Ingwer zu dem Limettensaft und dem Öl geben. Alles gut mischen und mit Meersalz und Pfeffer abschmecken.

4 Die Fischfilets abspülen, trockentupfen, mit Meersalz und Pfeffer würzen. Das Sonnenblumenöl in einer Pfanne erhitzen, die Butter dazugeben, zergehen lassen und die Filets in dieser Mischung auf beiden Seiten etwa 8 Minuten braten.

5 Die Tomatensalsa auf die Teller geben, die Filets aus der Pfanne nehmen, darauf anrichten und mit dem restlichen Koriandergrün garnieren.

REZEPTVARIATION

Anstelle der Avocado können Sie auch 300 g Zuckerschoten nehmen. Diese putzen, waschen, in etwa 1 cm große Stücke schneiden, in leicht gezuckertem und gesalzenem Wasser blanchieren. Die Zuckerschoten dann zusammen mit 1 Eßlöffel feingehackten Schalotten in 1 Eßlöffel Butter schwenken und mit Meersalz und Pfeffer abschmecken. Sie dann mit den übrigen Zutaten für die Salsa mischen.

GETRÄNKETIPS

- **Wer möchte, kann zu diesem von der mexikanischen Küche inspirierten Gericht als Aperitif eine Margarita anbieten. Für 1 Glas den Rand von einem Cocktailglas mit ½ Zitrone einreiben und in Salz tauchen. 2 cl Tequila mit 1 cl Curaçao (Orangenlikör) und 2 cl Zitronensaft verrühren. Einige Eiswürfel in das Glas geben und das Getränk darübergießen.**
- **Zum Essen können Sie ein mexikanisches Bier, garniert mit Limettenscheiben, anbieten.**

WOLFSBARSCHFILETS MIT RUCOLA UND ROSA PERLEN

Infoblock

- **Arbeitszeit: ca. 45 Minuten**
- **Garzeit: ca. 15 Minuten**
- **4 Portionen**
- **ca. 750 kcal je Portion**

Zutaten

600 g Rucola (Rauke)
100 g weiße Champignons
3 Schalotten
2 EL Butter
200 ml trockener Weißwein
300 ml Fischfond
etwas Butter für die Form
4 Wolfsbarschfilets à ca. 170 g
250 g Crème double
1 TL Meersalz
weißer Pfeffer aus der Mühle
einige Kerbelblättchen
100 g Lachskaviar
60 g Walnüsse

1 Den Rucola waschen, trockentupfen und die groben Stiele abschneiden. Die Champignons waschen, putzen und grob hacken. Den Backofen auf 180 °C vorheizen. Die Schalotten schälen, fein hacken und zwei Drittel in 1 Eßlöffel Butter andünsten.

2 Die Champignons dazugeben, den Wein angießen und zur Hälfte einkochen. Den Fischfond dazugeben und die Flüssigkeit dann nochmals zur Hälfte einkochen.

3 Eine ofenfeste Form mit etwas Butter ausstreichen. Die Wolfsbarschfilets abspülen, trockentupfen, hineingeben und mit Meersalz und Pfeffer würzen. Die Fischfilets nebeneinander in die gebutterte Form legen. Anschließend 100 ml kochenden Weinfond dazugeben und die Filets im Backofen etwa 10 Minuten garen.

4 Danach den Fond zurück in den Topf geben und die Crème double hineinrühren. Die Filets im Ofen bei schwacher Hitzezufuhr warm stellen. Die Sauce etwa 2 Minuten kochen lassen, durch ein Sieb passieren und mit Meersalz und Pfeffer abschmecken. Den Kerbel waschen und trockentupfen. Den Lachskaviar mit kaltem Wasser abspülen und abtropfen lassen.

5 Die Walnüsse grob hacken. Die restlichen Schalotten in 1 Eßlöffel Butter andünsten, die Nüsse kurz mitrösten, dann den Rucola dazugeben und etwa 1 Minute erhitzen. Das Gemüse mit Meersalz und Pfeffer würzen.

6 Den Rucola auf die Teller legen und die Wolfsbarschfilets daneben legen. Den Lachskaviar unter die Sauce heben, sie über die Filets gießen und zum Schluß alles mit den Kerbelblättchen garnieren.

BEILAGENTIPS

- **Dazu passen die schwarzen Nudeln (Seite 115).**

REZEPTVARIATION

Den Wolfsbarsch können Sie auch im Ganzen im Ofen dünsten. Dazu einen 1,4 kg schweren, küchenfertigen Wolfsbarsch schuppen, die Flossen abschneiden und die Kiemen herausschneiden. Den Fisch mit Meersalz, dem Saft von 1 Zitrone und Pfeffer würzen. Ihn in eine gebutterte Backform legen, 50 ml Fischfond und 100 ml Rieslingsekt dazugeben. Den Fisch abdecken und im vorgeheizten Ofen bei 180 °C etwa 25 Minuten dünsten.

GETRÄNKETIP

Zum Wolfsbarsch auf italienische Art paßt ein Pinot grigio. Verwenden Sie diesen trockenen Weißwein auch für die Zubereitung der Sauce.

GOLDBRASSEN MIT MANGO-PFEFFER-SAUCE

Infoblock

- Arbeitszeit: ca. 40 Minuten
- Garzeit: ca. 30 Minuten
- 4 Portionen
- ca. 790 kcal je Portion

Zutaten

1 Bund Estragon
600 g Brokkoli
Meersalz
3 Tomaten
1 kleine Mango
3 EL Butter
2 Schalotten
100 ml Weißwein
300 ml Fischfond
250 g Crème fraîche
1 EL grüner Pfeffer
Saft von 2 Limetten
1 Prise Cayennepfeffer
2 küchenfertige Goldbrassen à ca. 700 g
weißer Pfeffer aus der Mühle
1 EL Mehl
6 EL Erdnußöl

BEILAGENTIP

Zu diesem feinen Fisch in der fruchtig-scharfen Sauce schmecken sehr gut kleine Kartoffelkugeln, die zusammen mit gehackten Nüssen in geklärter Butter gebraten werden.

1 Den Estragon waschen, trockentupfen und die Blättchen von den Stielen zupfen. Einige für die Garnitur beiseite legen, die restlichen fein hakken. Den Brokkoli putzen, waschen und in kleine Röschen schneiden. Die Brokkoliröschen etwa 3 Minuten in leicht gesalzenem Wasser kochen, anschließend mit kaltem Wasser abschrecken.

2 Den Backofen auf 180 °C vorheizen. Die Tomaten in kochendem Wasser blanchieren, dann in kaltem Wasser abschrecken. Die Tomaten enthäuten und halbieren. Sie entkernen und in etwa 1 cm große Würfel schneiden.

3 Die Mango schälen, das Fruchtfleisch zuerst vom Kern abschneiden und dann in etwa 1 cm große Würfel schneiden. Die Schalotten schälen, fein hacken und in 1 Eßlöffel Butter andünsten.

4 Die Schalotten mit Weißwein ablöschen, ihn zu einem Drittel einkochen und den Fischfond angießen. Die Flüssigkeit nochmals zu einem Drittel einkochen, dann die Crème fraîche daruntermischen. Tomaten- und Mangowürfel, feingehackten Estragon und grünen Pfeffer dazugeben und die Sauce mit Meersalz, dem Saft von 1 Limette und etwas Cayennepfeffer abschmecken.

5 Die Goldbrassen schuppen, auswaschen und die Flossen abschneiden. Die Fische mit Meersalz, dem Saft von 1 Limette und Pfeffer würzen und mit Mehl bestäuben.

6 Das Erdnußöl in einer Pfanne erhitzen, 1 Eßlöffel Butter dazugeben und die Goldbrassen darin auf beiden Seiten etwa 2 Minuten anbraten. Sie anschließend etwa 20 Minuten im Ofen backen.

7 Die Brokkoliröschen zusammen mit 1 Eßlöffel Butter und 2 Eßlöffeln Wasser erwärmen und mit Meersalz und Pfeffer würzen. Den Fisch filetieren. Die Sauce auf Teller geben, die Filets darauflegen, die Brokkoliröschen darum herum legen und alles mit den Estragonblättern garnieren.

REZEPTVARIATION

Die Mango kann man auch durch Avocado ersetzen. Das Fleisch einer Avocado in etwa 1 cm große Würfel schneiden. Sie mit dem Saft von 1 Limette und 1 Teelöffel Honig marinieren und dann in die Sauce geben.

GETRÄNKETIPS

◆ Zur Einstimmung auf dieses Fischgericht aus der karibischen Küche sollten Sie einen fruchtigen Aperitif mit Rum anbieten. Geben Sie für 1 Drink 2 cl braunen Rum, 1 cl Zitronensaft und 3 cl exotische Fruchtsäfte (z.B. Ananas-, Mango- oder Bananensaft) zusammen mit Eis in einen Shaker, schütteln Sie das Ganze gut durch und seihen es in ein Glas ab. Die Drinks können mit Fruchtspießchen garniert werden.

◆ Zur Goldbrasse schmeckt ein Glas trockener Chablis aus Frankreich. Servieren Sie ihn gut gekühlt.

PILZRISOTTO

Infoblock

- Arbeitszeit: ca. 40 Minuten
- Garzeit: ca. 15 Minuten
- 4 Portionen
- ca. 410 kcal je Portion

Zutaten

300 g gemischte Pilze, z. B. Pfifferlinge, Steinpilze, Champignons und Austernpilze
1 Bund Petersilie
2 Schalotten
1 Knoblauchzehe
40 g Butter
200 g Risottoreis
100 ml Weißwein
400 ml Geflügelfond
50 g frisch geriebener Parmesan
2 EL Olivenöl
½ TL Meersalz
weißer Pfeffer aus der Mühle
1 Prise frisch geriebene Muskatnuß

1 Die Pilze putzen, waschen, trockentupfen und die großen in Würfel schneiden. Die Petersilie waschen, trockentupfen, die Blättchen von den Stielen zupfen und fein hacken.

2 Die Schalotten und den Knoblauch schälen, fein hacken, in 1 Eßlöffel Butter in einem Topf andünsten und den Reis kurz mitdünsten. Das Ganze mit Weißwein ablöschen und den Geflügelfond hinzufügen.

3 Den Reis etwa 12 Minuten unter ständigem Rühren schwach kochen lassen, danach den Topf von der Herdplatte ziehen. Die restliche Butter und den Parmesan darunterrühren.

4 Das Olivenöl in einer Pfanne erhitzen, die Schalotten dazugeben und die Pilze darin etwa 3 Minuten andünsten. Die Pilze unter den Risotto heben, alles mit Meersalz, Muskat und Pfeffer würzen und mit der Petersilie bestreuen.

SCHWARZE NUDELN

Infoblock

- **Arbeitszeit: ca. 60 Minuten**
- **Garzeit: ca. 45 Minuten**
- **Zeit zum Ruhen: ca. 20 Minuten**
- **4 Portionen**
- **ca. 680 kcal je Portion**

Zutaten

500 g Tintenfische mit Tintenbeuteln (aus dem Fischfachgeschäft)
1 Schalotte
1 Knoblauchzehe, 1 Karotte
4 EL Olivenöl
100 ml Weißwein
500 g Mehl, 1 Ei
½ TL Meersalz
1 Prise Muskatnuß
weißer Pfeffer aus der Mühle
1 Bund Basilikum

1 Den Backofen auf 180 °C vorheizen. Die Tintenfische waschen, die Haut vom Körper abziehen. Die Innereien herausziehen, Innereien und Kopf abschneiden. Die Tintenbeutel herausziehen und beiseite legen.

2 Das Gemüse fein würfeln, in 1 Eßlöffel Olivenöl in einer ofenfesten Pfanne anschwitzen. Tintenfischkörper und -fangarme in etwa 3 cm große Stücke schneiden, zum Gemüse geben, Weißwein und so viel Wasser angießen, bis alles mit Flüssigkeit bedeckt ist. 40 Minuten abgedeckt im Ofen schmoren lassen.

3 Die Tintenbeutel zusammen mit 150 ml Wasser im Mixer pürieren und dann durch ein Sieb passieren. Die Flüssigkeit unter das Mehl rühren, das Ei und 2 Eßlöffel Olivenöl dazugeben. Alles mit Meersalz, Muskat und Pfeffer würzen und gut verkneten.

4 Den Teig für 20 Minuten ruhen lassen. Ihn dann etwa 1,5 mm dick ausrollen und mit einem Teigrädchen in schmale Streifen schneiden. Das Basilikum waschen, trockentupfen, die Blättchen abzupfen und in etwa 3 mm breite Streifen schneiden. Die Nudeln dann in reichlich leicht gesalzenem Wasser zusammen mit dem restlichen Olivenöl etwa 2 Minuten kochen und in ein Sieb abgießen.

5 Die Nudeln heiß abspülen, gut abtropfen lassen und zusammen mit 20 g zerlassener Butter in einer Pfanne schwenken. Die Tintenfischstücke und das Gemüse daruntergeben, alles mit Meersalz, Pfeffer und Muskat würzen und mit Basilikum bestreuen.

SPARGEL-QUARK-AUFLAUF

Infoblock

- Arbeitszeit: ca. 40 Minuten
- Garzeit: ca. 50 Minuten
- 4 Portionen
- ca. 250 kcal je Portion

Zutaten

400 g frischer Spargel
1½ TL Meersalz
½ TL Zucker
2 EL Butter
3 Eier
250 g Quark, 10–20% Fett i.Tr.
1 EL Weizenstärke
1 EL Mehl
etwas Muskatnuß
weißer Pfeffer aus der Mühle

1 Den Spargel putzen, schälen und in Salz-Zucker-Wasser zusammen mit 1 Eßlöffel Butter etwa 10 Minuten kochen lassen. Den Spargel abtropfen lassen, trockentupfen und in fingerbreite Stücke schneiden. Den Backofen auf 200 °C vorheizen.

2 Die Eier trennen und die Eigelbe mit dem Quark und der Weizenstärke verrühren. Die Spargelabschnitte mit etwas Mehl bestäuben, unter die Eier-Quark-Masse heben und alles mit Meersalz, frisch geriebener Muskatnuß und Pfeffer würzen.

3 Die Eiweiße zu Schnee schlagen und unter die Masse heben. Eine Auflaufform mit der restlichen Butter ausstreichen, mit dem restlichen Mehl bestäuben und die Masse hineingeben. Ein Stück Pappkarton in ein Wasserbad geben, die Backform daraufstellen und den Auflauf im Ofen etwa 40 Minuten backen.

ZUCCHINIGRATIN

Infoblock

- Arbeitszeit: ca. 25 Minuten
- Garzeit: ca. 20 Minuten
- 4 Portionen
- ca. 250 kcal je Portion

Zutaten

4 mittelgroße Zucchini
1 Schalotte
1 Knoblauchzehe
1 EL Butter
½ TL Meersalz
weißer Pfeffer aus der Mühle
1 Prise frisch geriebene Muskatnuß
100 g frisch geriebener Käse, z. B. Emmentaler
150 g Crème double

1 Den Ofen auf 200 °C vorheizen. Die Zucchini waschen, trockentupfen, putzen und in etwa 3 mm dicke Scheiben schneiden.

2 Die Schalotte und den Knoblauch schälen und fein hacken. Eine flache Gratinform mit der Butter ausstreichen und mit den Knoblauch- und den Schalottenwürfeln ausstreuen.

3 Die Zucchinischeiben dachziegelartig in die Form schichten, mit Meersalz, Pfeffer und Muskat würzen und mit dem geriebenen Käse bestreuen. Die Crème double darübergeben und das Gratin im Ofen etwa 20 Minuten backen.

SPINATGRIESSNOCKEN

Infoblock

- Arbeitszeit: ca. 30 Minuten
- Garzeit: ca. 20 Minuten
- 4 Portionen
- ca. 330 kcal je Portion

Zutaten

200 g Spinat
2 TL Meersalz
400 ml Milch
50 g Butter
weißer Pfeffer aus der Mühle
1 Prise Muskatnuß
100 g Grieß
2 Eigelb
etwas Butter für die Form
40 g frisch geriebener Parmesan

1 Den Spinat putzen, waschen und abtropfen lassen. Ihn dann in leicht gesalzenem Wasser kurz blanchieren, kalt abschrecken und in einem Mixer pürieren.

2 Die Milch zusammen mit der Butter aufkochen, sie mit Meersalz, Pfeffer und Muskat würzen und den Grieß unter ständigem Rühren einrieseln lassen. Das Ganze etwa 10 Minuten kochen, dann von der Herdplatte ziehen und die Eigelbe darunterrühren. Die Masse darf nicht mehr kochen. Den Backofen auf 180 °C vorheizen.

3 Das Spinatpüree gründlich unter die Grießmasse rühren. Die Masse etwa 2,5 cm hoch auf ein gebuttertes Blech streichen. Sie auskühlen lassen und mit einem Ausstecher oder einem Glas von etwa 5 cm Durchmesser daraus halbmondförmige Nocken ausstechen.

4 Die Nocken auf ein Blech setzen, mit Parmesan bestreuen und im Ofen etwa 10 Minuten backen.

Infoblock

- Arbeitszeit: ca. 30 Minuten
- Garzeit: ca. 1 Stunde 20 Minuten
- 4 Portionen
- ca. 270 kcal je Portion

Zutaten

8 mittelgroße Kartoffeln
½ TL Kümmel
½ Bund Schnittlauch
1 Schalotte
50 g Butter
100 ml Milch
1 Prise Muskatnuß
1 TL Meersalz
weißer Pfeffer aus der Mühle
4 EL Sahne

GEFÜLLTE OFENKARTOFFELN

1 Den Ofen auf 200 °C vorheizen. Die Kartoffeln waschen, abtrocknen und zusammen mit dem Kümmel einzeln in Alufolie einwickeln. Eine ofenfeste Bratpfanne mit Salz ausstreuen, die Kartoffeln hineinsetzen und im Ofen etwa 1 Stunde backen. Anschließend die Ofentemperatur auf 150 °C reduzieren.

2 Den Schnittlauch waschen, trockenschütteln und die Röllchen fein hacken. Die Schalotte schälen, fein hacken und in 1 Eßlöffel Butter andünsten. Die Milch hinzufügen und aufkochen. Die Kartoffeln aus der Folie wickeln, von ihnen jeweils seitlich einen Deckel abschneiden und sie aushöhlen.

3 Das Kartoffelfleisch pürieren, die restliche Butter und die warme Milch dazugeben. Die Masse mit Meersalz, frisch geriebener Muskatnuß und Pfeffer würzen, gut durchrühren, in einen Spritzbeutel mit Sterntülle füllen und in die Kartoffeln spritzen. Die Sahne darüber verteilen und die gefüllten Kartoffeln im Ofen etwa 15 Minuten bei 150 °C erwärmen.

Asiatischer Fischgenuss

Sie planen für Bekannte und Freunde ein außergewöhnliches Fischessen? Warum zur Abwechslung nicht mal in den fernen Osten schweifen? Unser leichtes Fischmenü, das von den Küchen verschiedener asiatischer Länder inspiriert wurde, wird auch Ihre Gäste begeistern.

Ein japanisches Sushi und eine Suppe aus Thailand stimmen auf den Hauptgang aus dem Reich der Mitte ein. Das erfrischend-fruchtige Dessert ergänzt das Ganze perfekt.

Tips für passende Getränke und eine einfache, doch effektvolle Tischdekoration machen den Abend zu einer runden Sache. Unser Organisationsplan sorgt dafür, daß bei der Vorbereitung keine Hektik aufkommt. Das Menü ist für 12 Personen gedacht, doch können Sie alle Gerichte problemlos an eine andere Gästezahl anpassen.

Und das wird serviert

Sushi vom Lachs, Thunfisch und Wolfsbarsch

Garnelensuppe mit rotem Curry und Kokos

Heringsfilets mit süß-saurer Sauce (Rezept S. 106)

Fruchtsalat mit Mangosorbet

Ein fernöstliches Vergnügen

Die Einladung

Verschicken Sie die Einladungen mindestens zwei Wochen vor Ihrer Party und bitten Sie um rechtzeitige Zu- oder Absagen. So können Sie alle weiteren Vorbereitungen auf die Anzahl der Gäste abstimmen. In Ihrem Schreiben sollten Sie die genaue Uhrzeit angeben und was die Gäste erwartet. Das Motto des Festes kann schon durch die Aufmachung der Einladung verraten werden. Schneiden Sie mit Hilfe einer Schablone Fische aus einem farbigen Fotokarton aus und versenden Sie diese als Einladung. Wer möchte, kann die Fische noch zusätzlich mit aus Buntpapier ausgerissenen „Schuppen" bekleben.

Die Tischdekoration

Decken Sie den Tisch mit einer weißen, grob strukturierten Tischdecke, z. B. einer aus Leinen. Die Servietten sollten aus dem gleichen Material sein.

Effektvolle Platzsets können Sie ganz einfach aus Wellpappe basteln. Schneiden Sie aus 30 cm breiter Wellpappe 12 Platzsets zurecht. Aus dem gleichen Material schneiden Sie dann noch 12 dünne Streifen (etwa 7 cm breit) zurecht, die Sie zu Serviettenringen zusammenkleben. Wer möchte, kann die Wellpappe mit Farbe besprühen, z. B. mit blauer Farbe.

Auf jedes Set stellen Sie einen Platzteller und einen Teller für die Vorspeise. Außerdem wird jeder Platz mit einem Reisschälchen, mit den Bestecken sowie mit einem Pilsglas und einer Teeschale eingedeckt.

Die Servietten werden zusammengerollt und zusammen mit einigen kleinen Zweigen Bambus- oder Zyperngras in die Serviettenringe gesteckt. Als Blumenschmuck eignen sich ebenfalls – allerdings größere – Zweige aus Bambus- oder Zyperngras. Sie werden mit naturfarbenem Bast locker zu mehreren Gebinden zusammengefaßt. Farbliche Akzente setzen Hibiskus- oder Orchideenblüten. Diese Dekoration paßt sowohl zum chinesischen Reiskorngeschirr als auch zu einem einfarbigen Geschirr. Die Farbe der Blüten sollten mit der Ihres Geschirrs harmonieren. Falls Sie ein schlichtes weißes Geschirr besitzen, können Sie dazu beispielsweise eine hellblaue oder orangefarbene Tischdecke kombinieren.

Die Getränketips

◆ Als Aperitif empfehlen wir ein Glas trockenen Sekt oder einen „Whisky sour“. Für 1 Portion dieses Drinks 4 cl Whisky, 2 cl Zitronensaft, 1 cl Zuckersirup und 1 Spritzer Angostura zusammen mit Eis in einem Shaker schütteln und anschließend in ein Becherglas seihen.

◆ Zum Essen gibt es grünen Tee und ein gut gekühltes Pils.

◆ Nach dem Essen serviert man einen warmen Sake oder einen kühlen Chardonnay.

Organisationsplan

◆ **1 WOCHE VOR DER PARTY**
Die Fische für das Sushi und die Garnelen für die Suppe vorbestellen und darauf hinweisen, daß sie ganz frisch sein müssen. Haltbare Produkte wie Sushireis, Wasabi, Sojasauce und Kokosmilch können schon eingekauft werden.

◆ **AM TAG VOR DER PARTY**
Fischfond kochen, Mango für das Sorbet pürieren, alle frischen Lebensmittel bis auf den Fisch einkaufen und vorbereiten. Getränke kaltstellen.

◆ **AM MORGEN VOR DER PARTY**
Fische abholen und vorbereiten, Fruchtsalat zubereiten und kalt stellen. Gemüse vorschneiden, in verschlossenen Beuteln kühl stellen.

◆ **3 STUNDEN VORHER**
Reis für das Sushi vorbereiten, alle Zutaten für die Suppe bereitstellen. Die Zutaten für die Sauce zu den Heringsfilets vorbereiten.

◆ **2 STUNDEN VORHER**
Sorbet gefrieren, Suppe vorbereiten. Als Alternative zum Reis (Beilage zum Hauptgang) eventuell 1 kg Buchweizennudeln kochen.

◆ **1 1/2 STUNDEN VORHER**
Heringsfilets ausbacken, Suppe zubereiten (Garnelen noch nicht dazugeben).

◆ **1 STUNDE VORHER**
Sushi zubereiten, auf einer Platte anrichten.

◆ **30 MINUTEN VORHER**
Reis für Hauptgang kochen. Alle Zutaten für die Sauce zu den Heringsfilets bereitstellen.

◆ **WÄHREND DES ESSENS**
Die Suppe fertigstellen. Die Sauce für den Hauptgang zubereiten und die Fischfilets darin erwärmen. Das Dessert anrichten.

Infoblock

- Arbeitszeit: ca. 40 Minuten
- Garzeit: ca. 10 Minuten
- Zeit zum Einweichen und Ausquellen: ca. 40 Minuten
- 12 Portionen
- ca. 380 kcal je Portion

Zutaten

500 g Sushireis
120 ml Reisessig
1 TL Zucker
1 TL Meersalz
400 g Lachsfilet, ohne Haut
400 g Wolfsbarschfilet, ohne Haut
400 g Thunfischfilet, ohne Haut
2 EL Wasabi (grüner Meerrettich)
400 g eingelegter Ingwer
300 ml Sojasauce

Sushi vom Lachs, Thunfisch und Wolfsbarsch

1 Den Reis etwa 30 Minuten in Wasser einweichen, danach in ein Sieb abgießen und mehrmals abspülen. Den Sushireis dann zusammen mit 850 ml Wasser aufkochen, bei schwacher Hitze 10 Minuten abgedeckt köcheln lassen und anschließend von der Herdplatte ziehen.

2 Ihn noch etwa 10 Minuten ausquellen lassen, bis er das Wasser vollständig aufgesogen hat. Den Reis danach in eine Schüssel geben und mit einem nassen Tuch abgedeckt auskühlen lassen.

3 Inzwischen den Reisessig zusammen mit Zucker und Salz aufkochen und vorsichtig unter den Reis mischen. Die Fischfilets eventuell von dünnen Randstücken befreien und mit einem scharfen Messer in schräge, dünne Scheiben schneiden.

4 Den Reis zu fingerdicken Rollen formen, diese mit Wasabi bestreichen und mit den Fischscheiben belegen. Die Sushi auf einer Platte anrichten, den Ingwer dazulegen und die Sojasauce in Schälchen dazustellen.

HIGHLIGHT

Infoblock

- Arbeitszeit: ca. 10 Minuten
- Garzeit: ca. 7 Minuten
- 12 Portionen
- ca. 80 kcal je Portion

Zutaten

1 Frühlingszwiebel
600 ml Fischfond
1 TL roter Curry
30 g geschälter Ingwer
100 ml ungesüßte Kokosnußmilch
½ Stück Limonengras
200 g geschälte Garnelen
½ TL Meersalz

Garnelensuppe mit rotem Curry und Kokos

1 Die Frühlingszwiebel putzen, waschen und in etwa ½ cm große Stücke schneiden. Den Fischfond zusammen mit dem Curry, dem Ingwer und dem Limonengras etwa 3 Minuten kochen lassen.

2 Die Kokosmilch, die Frühlingszwiebelstücke und die Garnelen dazugeben und alles etwa 2 Minuten kochen lassen. Die Suppe von der Herdplatte nehmen und noch etwa 2 Minuten ziehen lassen.

Infoblock

- Arbeitszeit: ca. 1 Stunde
- Zeit zum Gefrieren: ca. 2 Stunden
- 12 Portionen
- ca. 220 kcal je Portion

Zutaten

5 Mangos à ca. 350 g
6 EL Zucker
200 ml Sekt
2 Papayas
1 kleine Ananas
400 g Litschis
6 Orangen
80 g Mandelblättchen
12 Pfefferminzblätter

Fruchtsalat mit Mangosorbet

1 Die Mangos schälen, das Fruchtfleisch von den Steinen abschneiden und es grob zerteilen. Den Zucker zusammen mit 300 ml Wasser aufkochen, dann abkühlen lassen und zusammen mit dem Mangofleisch im Mixer fein pürieren. Den Sekt darunterheben und alles in einer Sorbetmaschine zu Sorbet drehen oder im Gefriergerät 2 Stunden gefrieren lassen (währenddessen öfter umrühren).

2 Die Papayas mit einem Sparschäler dünn schälen, sie halbieren und die Kerne mit einem Löffel herauslösen. Von der Ananas den Schopf und den Boden abschneiden, sie schälen, längs vierteln und den harten Strunk herausschneiden. Die Litschis schälen, das Fruchtfleisch einschneiden und den Kern entfernen. Von den Orangen die Haut abschneiden, dabei das Weiße mit entfernen. Die Filets aus den Trennwänden herausschneiden, den Saft herauspressen und auffangen.

3 Orangenfilets und -saft in eine Schüssel geben. Die übrigen Früchte in etwa 1 cm dicke Scheiben schneiden, ebenfalls in die Schüssel geben und alles vorsichtig mischen.

4 Die Mandelblättchen auf ein Backblech geben und im Ofen etwa 4 Minuten bräunen. Mit einem Löffel vom Sorbet Nocken abstechen und diese auf Tellern verteilen. Den Fruchtsalat daneben legen und mit den Mandelblättchen bestreuen. Das Dessert mit den Pfefferminzblättern garnieren.

REZEPTVERZEICHNIS NACH ZUTATEN

Alle Rezepte, die mit dem Symbol ● gekennzeichnet sind, werden mit Süßwasserfischen zubereitet, Rezepte, die mit dem Symbol ■ gekennzeichnet sind, mit Salzwasserfischen. Nur Salzwasserfische enthalten den wichtigen Mineralstoff Jod (siehe dazu auch S. 6).

Mit Kräutersauce

Mit Gemüsesauce

Mit Gewürzsauce

Mit fruchtiger Sauce

Mit Weißweinsauce

REZEPTVERZEICHNIS

Mit Rotweinsauce

Mit Sherry-, Portwein- oder Vermouthsauce

Mit Biersauce

Mit Gemüsebeilage

Beilagen

ISBN 3-8094-1128-0

© 2001 by Bassermann-Verlag in der Verlagsgruppe FALKEN/Mosaik, einem Unternehmen der Verlagsgruppe Random House GmbH, Niedernhausen/Ts.
© der Originalausgabe by FALKEN Verlag in der Verlagsgruppe FALKEN/Mosaik, einem Unternehmen der Verlagsgruppe Random House GmbH, Niedernhausen/Ts.
Die Verwertung der Texte und Bilder, auch auszugsweise, ist ohne Zustimmung des Verlags urheberrechtswidrig und strafbar. Dies gilt auch für Vervielfältigungen, Übersetzungen, Mikroverfilmung und für die Verarbeitung mit elektronischen Systemen.

Fotos: TLC-Foto-Studio GmbH, Velen-Ramsdorf
Layout: Petra Becker
Redaktion: Claudia Boß, Monika Cremer
Redaktion für diese Ausgabe: Sabine Kieslich
Herstellung: Petra Zimmer
Herstellung für diese Ausgabe: Eva Kumar

Die Ratschläge in diesem Buch sind von Autorin und Verlag sorgfältig erwogen und geprüft, dennoch kann eine Garantie nicht übernommen werden. Eine Haftung der Autorin bzw. des Verlags und seiner Beauftragten für Personen-, Sach- und Vermögensschäden ist ausgeschlossen.

Satz: FALKEN Verlag GmbH, Niedernhausen/Ts.
Druck: Neografia, Martin
Printed in Slovakia

047940195X817 2635 4453 6271